LÍDER DE SUCESSO

preço que alguns não pagam

Editora Appris Ltda.
1.ª Edição - Copyright© 2025 do autor

Catalogação na Fonte
Elaborado por: Josefina A. S. Guedes
Bibliotecária CRB 9/870

P412l
2025

Penna, Mac Dowell
Líder de sucesso: preço que alguns não pagam/ Mac Dowell Penna. - 1. ed. - Curitiba: Appris: Artêra, 2025.
113 p. ; 21 cm.

Inclui bibliografias.
ISBN 978-65-250-7575-4

1. Liderança. 2. Resiliência. 3. Empatia. 4. Responsabilidade. 5. Sucesso. I. Título.

CDD - 158.4

Appris editorial

Editora e Livraria Appris Ltda.
Av. Manoel Ribas, 2265 - Mercês
Curitiba/PR - CEP: 80810-002
Tel. (41) 3156 - 4731
www.editoraappris.com.br

Printed in Brazil
Impresso no Brasil

Mac Dowell Penna

LÍDER DE SUCESSO

preço que alguns não pagam

Curitiba, PR
2025

AGRADECIMENTOS

Gostaria de agradecer ao Deus soberano, que nos conduziu até aqui com Suas mãos poderosas, que muito me amou e jamais me desamparou. Além disso, presenteou-me com tantas oportunidades de obter o conhecimento na vida ministerial e na profissional, porque d'Ele, por Ele e para Ele são todas as coisas.

Agradeço aos amigos e aos intercessores do meu ministério, aqueles que muitas vezes estiveram sob minha liderança e juntos crescemos aprendendo uns com os outros, nas lutas, na alegria e na dor como em um belo casamento, formando uma grande equipe de trabalho para a glória de Deus. E a todos que direta e indiretamente colaboraram com este tão sonhado livro. Muitíssimo obrigado!

Este livro eu dedico a minha família, que sempre foi um porto seguro ao qual muitas vezes voltei para me ancorar após dias de lutas e muitas tempestades. Em especial a minha esposa e querida mãe, Anny e Maria José Penna, que, respectivamente, sempre acreditaram nos sonhos de Deus para minha vida e nunca me deixaram desistir dos propósitos do Senhor. A minha amada irmã, Mary Penna, que é uma inspiração e uma fortaleza quando precisamos de um ombro amigo. E minhas joias, Macienne e Maysa, filhas que Deus me presenteou, fazendo-me um homem mais feliz. Ao meu irmão, Moisés Abraão Penna, que hoje mora na cidade celestial e que me mostrou muitas vezes que é possível manter a fé em Cristo em qualquer circunstância.

PREFÁCIO

Nos tempos atuais, a liderança se apresenta como um desafio singular, permeado por contextos sociais e culturais que exigem não apenas habilidade administrativa, mas também uma profunda conexão espiritual. Líderes de sucesso são aqueles que além de guiarem suas comunidades com sabedoria e integridade, conseguem inspirar vidas e transformar realidades. A busca por modelos que ressoem com as demandas contemporâneas leva-nos a refletir sobre figuras que se destacaram não apenas pela eloquência de suas pregações, mas também pela autenticidade de suas vivências e pelo impacto duradouro que tiveram nas igrejas ao redor do mundo.

Um exemplo notável é a vida e obra de Billy Graham, cuja evangelização cruzou fronteiras geográficas e culturais. Graham não apenas pregou as Escrituras, ele também exemplificou um cristianismo de inclusão e amor, desafiando preconceitos e promovendo a reconciliação em momentos de divisão. Sua abordagem acessível e genuína fez com que milhões se sentissem acolhidos pela mensagem do Evangelho e sua influência permanece viva, inspirando novas gerações de líderes a abraçarem um ministério de amor e compaixão.

No Brasil, nomes como a pastora Fernanda Brum têm se destacado pela capacidade de conectar-se com o público jovem, utilizando a música como uma ferramenta poderosa para disseminar esperança e fé. A autenticidade de seu testemunho, somada ao seu talento, transformou-a em um ícone da música gospel, provando que a liderança também pode florescer em meio à criatividade e à inovação. Fernanda, assim como outros líderes contemporâneos, é um exemplo de como a voz de uma mulher pode reverberar em muitas vidas, trazendo renovação e esperança às comunidades evangélicas.

Assim, ao longo deste livro serão exploradas as características que definem um líder de sucesso, iluminando trajetórias inspiradoras de homens e mulheres que, por meio de sua fé e dedicação, têm sido faróis de esperança em um mundo em constante mudança. Ao refletirmos sobre suas vidas e ministérios, somos convidados a considerar como também podemos, em nosso contexto, sermos líderes que impactam e inspiram, seguindo o exemplo de Cristo e levando adiante a missão de amor e serviço. Que esta leitura nos inspire a sermos, cada um em seu chamado, instrumentos de transformação em nossas comunidades e na sociedade como um todo.

Pr. Marcos Pablo

Trabalhando com jovens há 20 anos.

Pr. de Jovens consagrado há cinco anos.

Coordenador regional de jovens com 93 igrejas.

Formou-se em Engenharia Elétrica e
cursou dois anos de Licenciatura em Física.

SUMÁRIO

INTRODUÇÃO 13

1
AUTOCONHECIMENTO 15

2
LIDERAR 19

3
PERFIS DE LIDERANÇA 22

4
CONHECENDO AS CARACTERÍSTICAS DE UM LÍDER 27

5
O LÍDER DE SUCESSO 50

CONCLUSÃO 111

REFERÊNCIAS 112

INTRODUÇÃO

Uma das maiores indagações sobre liderança é como tal pessoa chegou ao sucesso na liderança. Não raros os casos, surgem comentários como "Fulano nasceu para liderar", "Líder nato", "Tinha condições" etc., mas a verdade é que liderar não é uma missão fácil, por isso existe um preço a ser pago e que, na maciça maioria dos casos, é uma conquista diária e em longo prazo.

As grandes marcas, sites, blogs e instituições trazem consigo um talento que antecede suas manifestações nas redes sociais e nos meios de comunicação.

Normalmente nos deparamos com pessoas que resolveram inconscientemente serem líderes de si mesmas. Em geral, são pessoas que passaram uma grande parte da vida no anonimato, sem qualquer perspectiva de vida ou intensão de serem exemplos de sucesso e conquista para outras pessoas.

Todo sucesso tem uma grande história para ser revelada. Quando buscamos na literatura pessoas que são grandes referências, não apenas nos negócios, mas na liderança, surpreendemo-nos com as magníficas histórias que encontramos.

E é nesse ponto que nos debruçamos para entender os segredos que existem nas vidas dessas pessoas que simplesmente se tornaram líderes de sucesso, que são reconhecidos pelos trabalhos, pelo empreendedorismo e pela grande influência no dia a dia.

Desejo levar você, leitor, a refletir sobre seu papel como líder de si mesmo e também daqueles que estão a sua volta e que, de uma forma ou de outra, tem influenciado e direcionando vidas ao crescimento. Busco, com isso, ampliar a visão daqueles que desejam ser líderes de sucesso, uma referência de crescimento e de transformação de vidas.

Meu nobre, não se pergunte se você tem as qualidades e as características para ser um líder de sucesso, inspirador e empreendedor, igual àqueles que você admira e sempre ouve falar como referência de crescimento. Acredito fervorosamente que tudo que precisamos já está dentro de cada um de nós, entregue pelo Criador do universo, entretanto é necessário termos a honesta coragem de nos questionar se estamos prontos e dispostos a pagar o preço que alguns não pagam. Ou seja, vamos juntos sair da zona de conforto que por muitos anos nos escravizou na mesmice e na vida mediana em tudo que realizamos.

Ouso declarar que sua vida nunca mais será a mesma após a leitura desta obra, que brotará o desejo de viver uma melhor versão de si mesmo, de conquistar tudo aquilo que deixou de conquistar por simplesmente achar que não era possível, que não tinha talento ou que não nasceu para vencer.

Está na hora de despertar o líder adormecido que existe dentro de você, de entender que seu desenvolvimento começa de dentro para fora, ou seja, se internamente já começou a existir um líder, logo teremos um grande líder no mundo dos negócios, na representação da comunidade, da equipe e da instituição que o levantou como esse líder.

1

AUTOCONHECIMENTO

Minha missão começa justamente por você, que já pensou, sonhou e desejou liderar sua comunidade, sua igreja, a sua empresa ou o seu próprio negócio, porém esbarra na insegurança, no medo e nas muitas tentativas sem sucesso de começar o projeto de liderança e negócio e terminar em desânimo e procrastinação.

Primeiramente vamos ao conceito do que seria o autoconhecimento: é ter conhecimento de si mesmo, de suas qualidades e de suas características etc. Comumente ouvimos pessoas declarando que gostariam de liderar, que querem uma oportunidade nas equipes das empresas em que trabalham, porque o chefe não está sabendo dirigir o grupo, mas na primeira oportunidade em que ele as chama para ocupar o cargo, o medo lhes trava e a insegurança as leva a pensar que é melhor não aceitar a vaga.

Muitos até já lideram e influenciam positivamente suas equipes e seus departamentos, mas o fato de saber que passarão a ser efetivamente os líderes, entram em estado de choque e bloqueio. Por isso é necessário falarmos de autoconhecimento e fazermos uma avaliação crítica do que estamos buscando para nossas vidas.

Autoconhecimento é uma ferramenta que ajuda na descoberta de nossas qualidades, nossos talentos e nossos hábitos. Uma espécie de autoexame que possibilita que o indivíduo detecte também suas fragilidades, como, ansiedades, fobias, medo e coragem, e aproveite melhor seus propósitos.

O grande objetivo do autoconhecimento é despertar o ser humano para uma viagem interna, um olhar para dentro de si mesmo, potencializar hábitos positivos e eliminar práticas e crenças que o sabotam de forma inconsciente, impedindo seu sucesso em todas as áreas de sua vida – pessoal, profissional, familiar e liderança.

O autoconhecimento é um processo nada indolor e necessário para corrigir e avaliar decisões que poderiam ser ponderadas se houvesse um conhecimento prévio de sua própria personalidade e das atitudes das pessoas que lhe servem na empresa, na comunidade, no grupo ou em uma instituição. Munido dessa âncora é mais prático viver suas metas, tomar decisões, fazer conexões com pessoas, e fica menos penoso o caminhar para uma liderança de sucesso.

Conhecemos pessoas que têm grande potencial para estarem à frente de grandes equipes e/ou serem ótimos líderes, porém, por elas não fazerem uma autoanálise sobre suas características e seus talentos, muito do que poderia ser produzido na empresa, na comunidade, na igreja e em uma associação é desperdiçado por falta de treinamento e até uma visão para descobrirem novos talentos para suas equipes. O fato é que o autoconhecimento é de muita importância para aqueles que estão pensando na possibilidade de liderarem.

Com autoconhecimento você começa a pensar no que gostaria de fazer, se influenciar positivamente outras pessoas é um potencial seu, se você quer trabalhar com o desafio de crescimento e de desenvolvimento pessoal. Então chega-se àquela indagação que é crucial: você está disposto a pagar o preço para chegar ao status de um líder de sucesso? Você realmente quer sair da zona de conforto? Bem, chega de viver uma vida mediana! Meu trabalho é despertá-lo para que o gigante que está hibernando dentro de você há tempo desperte.

Sei que o maior desafio é você reconhecer a importância da autoliderança e do domínio de si mesmo. Sem titubear, vamos colocar em prática o meu aprendizado sobre autoconhecimento e descobrir talentos e habilidades que agora estão latentes e prontos para serem usados como ferramentas no desenvolvimento de um líder de sucesso.

Quando você oferece seu melhor,
sua consciência fica em paz.

(Mac Dowell Penna)

2

LIDERAR

Quando falamos em liderança, alguns começam a se esquivar, a suar frio, e na primeira oportunidade mudam a temática da conversa na expectativa de fugir de qualquer compromisso com os atos decisórios e administrativo e cargos de suas instituições.

Cônscio de ocorrências similares, começarei desmistificando o que não é liderar: não é ter poder de mando. Isso fica claro quando conhecemos relatos de equipes de algumas instituições cujo coordenador de setor, embora tenha o poder de mandar não é atendido pelo que é, como pessoa ou gerente, mas apenas por ter a posição de chefe.

Liderar não é só ter autoridade. Alguns representantes de associações, empresas e comunidades têm autoridade, mas não lideram suas equipes, sua comunidade e sua instituição. Eles não são vistos pelos seus pares como um exemplo para ser seguido. Lembre-se: o fato de ter a autoridade que o encargo lhe confere não significa que você seja um líder.

Liderar não é estar na cadeira da presidência da empresa, pois nem sempre os que se sentam nessa cadeira são capazes de liderarem. Liderar não é ter a titularidade do cargo, pois, para alguns, isso não passa de acúmulo de títulos ou de função, uma vez que, na verdade, não existe gestão ou liderança enquanto titular do cargo.

Sendo assim, o que é liderar? Liderar significa influenciar pessoas para que comunguem do mesmo propósito de vida. O líder é o indivíduo que desperta pessoas para seus talentos, suas características e suas qualidades que até então não estavam sendo notadas pelas próprias pessoas.

Não raras vezes, deparamo-nos com situações semelhantes em nossas igrejas e comunidades, quando encontramos indivíduos que estão vivendo em seus casulos, com talentos e potenciais que eles desconhecem e que muitos não perceberam, talvez pelo trabalho que dá para lapidar esse diamante bruto e deixá-lo pronto para brilhar, para o sucesso na liderança.

Nessa pegada, líder é aquele que investe seu tempo na vida de outras pessoas para que essas pessoas, após o devido desenvolvimento, tenham o compromisso de também se importarem com outros indivíduos.

Certamente, liderar não é uma tarefa fácil, mas a necessidade intrínseca à humanidade levou o próprio Deus a levantar pessoas, a capacitá-las e a enviá-las para conduzir o seu povo em algum momento.

Liderar é cuidar de vidas, é estar disposto a pagar o preço para ver não apenas alguns crescendo, recuperados e liderando, mas contemplar uma sociedade que está a cada dia mais suplantando seus limites na educação, na economia, na saúde e em todos os setores possíveis e impossíveis, mesmo que não esteja exercendo um encargo político ou que não seja seu papel diretamente. Para tanto, é importante a figura de líderes com tamanha concepção e habilidade para avançarem liderando e preparando novos líderes com o mesmo entusiasmo e a mesma visão de crescimento.

Ser líder é ter o faro para descobrir novos líderes, ou seja, sua observação o torna capaz de colocar cada indivíduo com suas habilidades específicas nas posições estratégicas na equipe, no encargo que compreende seu potencial e suas características.

Ser líder não é apenas estar no domínio de um encargo ou ter a titularidade de uma cadeira.

> *Ser líder é ter a capacidade*
> *de influenciar sua liderança,*
> *equipe, comunidade e caminhar com*
> *propósito, crendo nos resultados.*
>
> *(Mac Dowell Penna)*

3

PERFIS DE LIDERANÇA

Dentro do mundo da liderança encontramos várias experiências, casos, pessoas e testemunhas dos feitos e do sucesso de uma pessoa na liderança; já outros não tiveram tantos feitos para celebrarem do tempo em que lideraram sua comunidade, sua organização ou um grupo. Muitos têm seus nomes gravados na história pela grande habilidade em gerenciar pessoas e influenciar gerações a viverem aquilo que defendiam como seu ideal até mesmo para seu país.

A verdade é que liderar tem seu glamour e sua complexidade, e cada tipo de liderança tem sua peculiaridade, que envolve não só as demandas de uma organização, mas também o caráter, os valores e os objetivos do líder.

Ademais, existem vários perfis de liderança, não sendo certo afirmar que há um tipo correto ou errado de conduzir uma equipe, uma instituição ou um departamento. Isso quer dizer que o sucesso da liderança não estará amarrado às qualidades e aos talentos de um líder, a uma forma ou um tipo de liderança, ainda mais com a possibilidade de ajustes nas estratégias e de mudanças conforme as necessidades.

Penso que a busca não pode ser apenas de encontrar um perfil de liderança adequada ao nosso jeito ou estilo de vida, mas descobrir aquele que atende à realidade da organização, que agregue resultados, valores e conhecimentos a todos quantos façam partes da instituição.

Com o fim de melhor compreender os perfis e as características de liderança, vou apresentar alguns desses tipos:

LIDERANÇA TRANSACIONAL - Este perfil de liderança tem seus alicerces firmados na política de "trocas de favores", ou seja, uma transação. O líder comunicará as estratégias e as metas da instituição e como será realizado o processo de execução das propostas entre as equipes de trabalho como ponto de partida para o crescimento. Uma vez que cada departamento produz conforme o acordado, cada um será premiado consonante o determinado.

Esse perfil é um dos mais simples. Há características fáceis de encontrarmos no dia a dia, em que os colaboradores tendem a ficar engessados, limitados, pelo pacto inicialmente tratado, não abrindo margem para uma liderança criativa.

Ainda assim é possível garimparmos coisas positivas dentro de um tipo de liderança limitante como a transacional: a objetividade e a clareza nas informações, o que leva a menos distorções no entendimento das tarefas e maior efetividade de produção, bem como um *feedback* mais assertivo.

LIDERANÇA *LAISSEZ-FAIRE* - A expressão é de origem francesa e sua tradução ao pé da letra é "deixa fazer", um vocábulo de cunho político, que pretende uma política governamental sem intervenção ou qualquer tipo de controle das empresas e da economia. Firma-se na crença de que tudo seguirá seu curso natural.

O tipo de liderança *laissez-faire* fundamenta-se na ideia de delegar funções e tarefas aos liderados sem a preocupação de qualquer tipo de fiscalização, além de lhes entregar os objetivos, as ferramentas e os recursos que na compreensão do líder serão suficientes.

Sob o prisma desse tipo é importante refletir que é comumente praticado por lideranças com um maior desenvolvimento de competência e performance, facultando ao líder do departamento ou equipe uma maior flexibilidade na fiscalização do desenvolvimento das atividades, seja de um setor ou da organização como um todo. Essa é uma das características do perfil de liderança *laissez-faire*, que com sua maior liberdade para trabalhar pode suscitar nos liderados dependentes de maior motivação uma baixa na produção, colocando em xeque o sucesso e o crescimento da instituição.

Ressalto, liderar é um risco assumido pelos que lideram e suas estratégias, seus projetos e suas metas para o desenvolvimento da organização deverão estar alinhados com sua melhor visão.

Um líder de sucesso está disposto a fazer o que nunca fez ou pagar o preço que alguns jamais pagaram. Ele compreende que seus resultados dependem única e exclusivamente de si mesmo.

LIDERANÇA TRANSFORMACIONAL - Os líderes que modelam esse perfil de liderança entregam diariamente suas vidas para manterem o grupo aquecido com motivação e criatividade e tem uma habilidade maior para levar sua equipe à inspiração, à inovação e a uma entrega sem igual.

Grupos, organizações e departamentos com o tipo transformacional têm uma característica muito forte em seus liderados, que é superar as expectativas de seus líderes. Seus resultados são frutos do trabalho sólido de um líder que não se exime do compromisso de formar líderes, inspirar e permitir que seus liderados tenham espaço para seu próprio crescimento e suas próprias descobertas. Como diz o provérbio popular: "Ninguém dá o que não tem". E a equipe retribui com resultados positivos em reconhecimento à dedicação, à confiança, ao treinamento, ao investimento de tempo e ao companheirismo de seu líder.

Contudo as empresas e instituições menos liberais têm certa resistência à liderança transformacional.

LIDERANÇA AUTOCRÁTICA - Tipo de liderança mais tradicional, utilizado pelos governos conservadores, com gestores que preferem o controle absoluto das decisões e prezam pela obediência dos seus liderados. É um perfil de liderança mais rígido e similar ao sistema militar.

O líder com esse perfil é uma figura autoritária, sistemático, focado nas metas e nos resultados estabelecidos como prioridade para a organização. Em algumas situações a liderança autocrática é necessária, como em empresas com normas mais criteriosas ou nas organizações que precisam atender às leis.

Por consequência, nesse tipo de liderança não há espaço para criatividade, inovações etc., e seus liderados e equipes estão presos na compreensão e na visão metódica de liderança da organização e do líder.

LIDERANÇA DEMOCRÁTICA – Neste perfil de liderança todos têm a oportunidade de contribuir para o sucesso da organização, incluindo a melhora do rendimento das equipes, elevando os resultados de produção da instituição, do departamento, do grupo e das igrejas para outro nível. Além disso, a responsabilidade de crescimento e desenvolvimento é um sentimento, que é compartilhado pelo líder com todos que fazem parte do empreendimento.

Outrossim, na liderança democrática o grupo todo age por meio das funções delegadas e do direito de opinar nas decisões. Há o foco em comum nos objetivos traçados para o êxito dos resultados da equipe e de toda a instituição.

Na gestão democrática os membros da liderança ficam satisfeitos com a atenção que lhe é dispensada pelo líder, gerando um ambiente de convivência agradável e, consequentemente, o envolvimento e a integração de tudo e de todos. Não à toa, esse modelo de liderança é muito recomendado e bem-visto pelas grandes organizações, pois traz em seu bojo qualidades em todos os aspectos humanos, como criatividade, competência, responsabilidades, inteligência emocional, integridade, sensibilidade e honestidade.

Um líder de sucesso busca ter sempre uma visão otimista do seu deserto.

(Mac Dowell Penna)

4

CONHECENDO AS CARACTERÍSTICAS DE UM LÍDER

É indiscutível que os tempos são outros e as técnicas, os métodos e as estratégias passam pelo processo de evolução e modernização. Assim, como nas grandes revoluções industrial e tecnológica, temos vivenciado essa transformação no campo da liderança.

Ao fazermos uma pequena viagem no tempo lembraremos das nossas comunidades cristãs e de outras instituições que viviam em grandes trabalhos de evangelismo, na recuperação de vidas, na organização de departamentos (grupos missionários) e na grande preocupação de quem poderia liderar tais grupos. O maior desafio para alguns era liderar sem nenhum preparo, além, é claro, da Escola Bíblica, que glorificamos ao Senhor pela sua existência. A verdade é que esse preparo foi o que a maioria dos líderes daquela geração recebeu e com muita luta produziu grandes conquistas.

Não penso que essa realidade não exista mais em muitos lugares, porém temos a bondade e a graça de Cristo que nos mantêm e recursos que favorecem o crescimento daqueles que buscam conhecimento, crescimento e desenvolvimento de liderança para suas vidas, comunidade, equipe, empresa e instituição. Como exemplo temos a internet, que chega a lugares longínquos, os celulares e os tabletes, que nos trazem grandes possibilidades. Com isso, o desenvolvimento de líderes e lideranças tornou-se uma tarefa menos penosa. Então, onde estão esses líderes? Quantos líderes de sucesso estão crescendo e gerando outros líderes com a capacidade de produzirem tanto quanto seu discipulador, mentor, *coach* ou outro termo em que você se encaixe.

Não tenha pressa de descobrir as características de um líder sem antes experienciar a oportunidade de se perguntar se você tem vivido esse processo. Talvez você tenha todas as qualidades de um líder de sucesso, mas por nunca se permitir essas etapas de construção e de desenvolvimento, não tenha percebido que poderia doar muito mais para o reino do Deus eterno.

Experimenta cada etapa - Compreender as características de um líder é fundamental para que na vida, no trabalho, no dia a dia, você se encontre nessas qualidades e já comece a empreender como um líder de verdade, assimilando que autênticos líderes em tempo algum pulam etapas em suas vidas. Nesse contexto já é possível aprender essa lição.

Evidencia-se isso nas muitas histórias que já ouvimos sobre indivíduos que nas atividades profissionais e de liderança tentaram cortar caminhos, ou seja, pularam etapas e acabaram tendo problemas maiores do que se poderia imaginar.

Com certeza, o caro leitor já presenciou a apresentação de pessoa recém-chegada para liderar ou coordenar determinado departamento ou comunidade sem qualquer tipo de critério, avaliação ou capacitação. Essa queima de etapa traz consequências para a administração.

Infelizmente, por essa falta de trato por parte dos líderes, muitos ministérios estão se perdendo, caindo no desânimo, na frustração e no descrédito, por negligenciarem etapas do desenvolvimento e da formação de líderes. Não existe a possibilidade de se plantar qualquer semente frutífera em um dia e esperar que na manhã seguinte já seja possível fazer a colheita. Tudo tem seu tempo determinado. Assim, o melhor é evitar pular etapas e seguir o processo.

Coragem - É uma das qualidades mais importante na vida de um líder. É expresso nas escrituras, quando Deus toma para si o seu servo Moisés e em ato contínuo levanta Josué para liderar o povo de Israel. Josué 1:6 (ACF): "Esforça-te, e tem bom ânimo; porque tu farás a este povo herdar a terra que jurei a seus pais lhes daria".

O Senhor sabe que aqueles que ele chamou para Sua boa obra precisarão de coragem na prospecção do Evangelho, que é libertador, uma vez que nosso adversário não será omisso nos seus intentos contra a igreja de Cristo.

Líder que não conta com essa característica dificilmente fica na posição de liderança, pois haverá dias em que não contará com a voz de mais ninguém a não ser a do nosso Deus. Basta lembrar que Moisés foi cobrado pelo povo em relação à falta de água, de alimento ou de quando ele vai ao monte para falar com Deus e recebe as leis. Arão, seu representante, não teve coragem de dizer não ao povo quando esse lhe pediu para construir um deus para que lhe guiasse na Terra. O resultado dessa rebelião (Êxodo 32:1-35, NVI) foi a morte de cerca de três mil homens, além de pragas enviadas por Deus e a permanência desse povo no deserto.

Líderes sem coragem são levados a barganharem seus princípios com seus inimigos e não hesitam em mitigar os ensinamentos do Senhor e Suas verdades. Por isso eles não verão seus sonhos em Deus realizados, porque líderes sem coragem não costumam se dar ao trabalho de sonhar, já que não têm coragem para realizar seus sonhos.

Resiliência - É a capacidade de tornar ao estado *quo antes* (voltar ao estado anterior) depois de sofrer uma pressão externa.

Assumir o compromisso de liderar é estar pronto para enfrentar qualquer desafio que a vida lhe pregar. Uma das provas que mais tem derrubado líderes é, sem sombras de dúvidas, a prova do tempo.

Conhecemos muitas histórias de líderes que no decorrer da jornada não suportaram a espera do tempo, não se posicionaram diante da crise, da luta e das críticas, que são próprias daqueles que almejam a excelência no servir e no liderar. Quando lemos a história de Jó ficamos impressionados com o tamanho da fé e a inspiradora paciência desse homem, que reconheceu sua pequenez diante do Senhor e em meio ao caos entregou sua vida nas mãos do Deus eterno.

Existem chefes de departamentos que há anos esperam suas promoções para um cargo que sempre almejaram, mas às vésperas desse sonho acontecer são desligados da empresa porque foram flagrados furtando produtos em retaliação por não terem sido promovidos.

Quantos líderes cristãos perderam seus ministérios porque se rebelaram contra seus líderes por não receberem uma promoção ou seus pastores acharem que ainda não era o caso de multiplicar determinada célula em razão de projetos mais urgentes.

Em certos casos, a maior dificuldade talvez não seja a liderança em si, mas a confiança plena de que o Pai eterno suprirá todas as necessidades nos dias difíceis.

É nesse momento que encontramos o líder resiliente que, independentemente do tempo ou das circunstâncias, está firmado em Cristo e nos princípios bíblicos. Na liderança resiliente busca-se o melhor aprendizado dos fatos e ocorrências, por mais descabidos que pareçam. Sua visão é direcionada para aquilo que gerará resultados positivos e o líder está pronto para viver o novo, pois isso não o apavora, porque essa característica lhe permite voltar ao estado anterior sem qualquer tipo de pendências ou frustração.

Influência - Sempre que reflito sobre trabalho, ministério e liderança sou conduzido às histórias dos discípulos e apóstolos de Cristo, como eles conseguiram alcançar as pessoas em dias de perseguição, espadas, cadeias etc. Sabemos que o Espírito Santo os direcionava, mas como viver tudo isso sem desanimar, ganhando e restaurando vidas que estavam sob o domínio do inimigo e conseguir atravessar os oceanos com um Evangelho poderoso, que contagiou as nações. O resultado disso são milhares de homens e mulheres ministrando a palavra que nos faz converter e viver uma vida de conquistas como nunca vivemos.

Ah! Não pense que basta ter o Espírito Santo e isso vai acontecer porque ele é Deus e pode todas as coisas. Entenda que o Senhor fará o que for necessário para salvar vidas para o reino de Sua glória, entretanto influenciar, conquistar, é a parte que cabe ao homem e à mulher chamados à pregação das boas novas.

A influência é uma arma que no exercício da liderança tem um poder capaz de arrastar multidões para um único propósito. Na história temos um homem chamado Hitler que, com sua persuasão, levantou um exército cheio de ódio e com seus ensinamentos maléficos dizimou milhões de vidas com uma proposta doentia de estabelecer uma raça. E no outro lado temos um homem chamado Jesus de Nazaré, que com suas palavras e milagres alcançou milhares e milhares de vidas.

Em Lucas 7:11(ACF) encontramos a história que mostra Jesus atendendo uma viúva que perdera seu único filho. O Mestre traz o jovem à vida e sua "fama se espalha por toda Judeia e por toda a terra circunvizinha". Sua influência refletiu na vida de cada discípulo e hoje na vida de muitos líderes.

Como frutos desse ministério tão influente não podemos ser líderes sem essa característica tão marcante na pessoa de Jesus.

Empatia - Talvez essa seja uma das características mais conhecidas e mais comentadas pela maioria das pessoas, independentemente de serem ou não líderes em suas comunidades, igrejas ou empresas. É muito comum comentar em situações de conflitos e pesar: "Coloque-se no lugar dele!". O ato de colocar-se no lugar do outro é experimentar o sofrimento que o indivíduo está vivenciando. Porém, saber da dificuldade do outro e estar disposto a se colocar em situação similar é algo distante da realidade em que vivemos.

Não sou cético quanto ao altruísmo do ser humano, apesar de hoje o mundo viver dias em que a banalização da vida chegou a níveis alarmantes, os direitos humanos não passam de uma declaração fria e a dignidade da pessoa humana tenha sido lançada fora. Contudo, há mais de dois mil anos o apóstolo Paulo já instruía na epístola a II Timóteo 3:1-4 (ARA): "Sabes, porém, isto: nos últimos dias, sobrevirão tempos difíceis, pois os homens serão egoístas, avarentos, jactanciosos, arrogantes, blasfemadores, desobedientes aos pais, ingratos, irreverentes, desafeiçoados, implacáveis, caluniadores, sem domínio de si, cruéis, inimigos do bem, traidores, atrevidos, enfatuados, mais amigos dos prazeres que amigos de Deus".

Ser empático é estar disposto a fazer uma forte ligação com aquele indivíduo que está perdido e longe da graça de Cristo Jesus. Os especialistas em *coaching* com Programação Neurolinguística (PNL) chamam de *rapport* (termo de origem francesa que foi trazido da psicologia) uma técnica de comunicação que tem a finalidade de construir uma conexão profunda e psicológica com aquele que iniciará os primeiros passos na liderança, na empresa e na igreja.

É muito agradável ser compreendido e acolhido em novos ambientes onde nos sentimos deslocados. Nada melhor do que ser recepcionado ou atendido por um líder cuja característica que o destaca dos demais é seu preparo e sua habilidade de ser empático.

Eficiência - Seguro de que seus interesses por uma liderança de sucesso estão mais aguçados, reflita sobre esta característica, que deveria ser inerente aos candidatos ao encargo de líder.

Atualmente, as grandes instituições têm uma demanda considerável de problemas a serem sanados para investirem seu tempo no desenvolvimento de líderes com habilidades necessárias para o sucesso dos seus negócios. Nesse viés, o mercado está recrutando indivíduos que já estejam prontos para produzir, com alta performance, inteligência emocional e gestão de equipes. Além disso, recrutam pessoas eficientes com talentos para resolver problemas, focadas na solução de cada imprevisto que o mundo capitalista, comercial e materialista apresentar.

Todavia, sob a ótica dos padrões de vida e cultura de Jesus, deparamo-nos com realidade diversa e totalmente na contramão do que se vivia nos dias da antiga Jerusalém. Notoriamente vivemos uma grande evolução cultural, política e social. Temos a graça de viver em um país livre, onde o Estado é laico, as normas legais garantem a dignidade da pessoa humana, o direito de acreditar e professar a fé segundo nossas próprias convicções. Isso quer dizer que vivemos em dias propícios à pregação do evangelho de Cristo Jesus.

A história teológica preleciona que o ministério do Messias, nos três anos de seu efetivo exercício, dois anos foram inteiramente para treinar e capacitar seus discípulos. Havia uma preocupação em Jesus de deixar homens preparados para servirem em qualquer circunstância e se, caso fosse, aptos a entregarem suas próprias vidas à morte por amor ao evangelho.

Com efeito, seus ensinamentos foram - e são - tão eficientes que libertaram tantos homens naqueles dias e ainda hoje continuam trazendo a libertação a tantas vidas que perderam a esperança de dias melhores, famílias acabadas, desacreditadas do casamento, que estavam perdidas em um mundo de destruição total e que agora estão vivendo um novo tempo de Deus para suas vidas e famílias.

Nosso maior modelo a ser seguido, no que diz respeito à eficiência no servir, trabalhar, ministrar e o amor pela vida, é Jesus, o filho do Deus Altíssimo.

Como vimos, está patente a eficiência do discipulado do Nazareno, vez que seus seguidores e apóstolos foram epicamente vencedores, construindo uma história de sucesso na propagação do evangelho libertador de Cristo Jesus e, assim, chegamos até aqui com a força do Deus todo poderoso.

Sem essa qualidade é difícil liderar uma equipe, mas ainda há tempo para colocar em prática tudo o que está sendo ensinado e compartilhado com os amigos. Siga em frente na busca da eficiência para sua vida e para sua equipe.

Transparência – O quarto evangelho, segundo escreveu João 13:1-15 (ARA), narra o momento em que Jesus e seus discípulos se sentariam à mesa para o grande banquete da ceia antes da festa da Páscoa. O Senhor mais uma vez surpreende seus seguidores mais próximos com uma mensagem que vai ecoar na eternidade, quando Ele se despe de seu senhorio e propõe lavar os pés dos homens que havia escolhido para a grande comissão das boas novas.

Senão vejamos: "Ora, antes da Festa da Páscoa, sabendo Jesus que era chegada a sua hora de passar deste mundo para o Pai, tendo amado os seus que estavam no mundo, amou-os até o fim. Declarou-lhes Jesus: Quem já se banhou não necessita de lavar senão os pés; quanto ao mais, está todo limpo. Ora, vós estais limpos, mas não todos. Ora, se eu, sendo o Senhor e o Mestre vos laveis os pés, também vós deveis lavar os pés uns dos outros. Porque eu vos dei exemplo, para que como eu vos fiz, façais vós também". (João 13:1-15, ARA).

Precisamos de mais líderes com tamanha capacidade de transparência. Jesus encarnado indica que é possível viver nesta terra liderando com clareza de propósito, mesmo que isso traga conflitos entre os homens. Nada impediu que o Mestre fosse claro em suas práticas e em seus ensinamentos. Nem mesmo o fato de estar lavando os pés de seus discípulos e saber que no meio deles estava o traidor, homem que lhe venderia por trinta moedas de prata. E com tudo isso, deixa expresso que ele é o paradigma a ser seguido.

Infelizmente, algumas instituições, igrejas e comunidades não estão subsistindo porque seus líderes, os responsáveis pelo grupo, gerenciamento dos negócios e departamentos, não são transparentes com seus liderados, suscitando grandes conflitos em meio à equipe, promovendo desconfianças e trazendo divisão entre seus membros. Uma vez instaladas a dúvida, a desconfiança e a insegurança quanto à administração de um líder, tudo o que for feito para corrigir a falta de transparência não passará de mero ato administrativo.

Trabalhe uma liderança transparente, confiável, idônea, e seu resultado será o crescimento de sua equipe, uma instituição forte com credibilidade, líderes saudáveis comprometidos em oferecer o seu melhor para que os objetivos e as metas sejam vencidos dentro do prazo estipulado pelo presidente da instituição, da comunidade ou da igreja.

I Pedro 2:22 (ARA), que não cometeu pecado nem dolo algum, achou-se em sua boca.

Responsabilidade - É a condição de ser responsável. Isso quer dizer que a partir daquele momento o indivíduo responde pela tomada de decisão, ato, ação e omissão.

Ser líder e não chamar a responsabilidade para si é um paradoxo. É inconcebível que um agente assuma o encargo e não se veja responsável pelo bom ou mau andamento da organização, do departamento ou do negócio que então está sob sua competência.

Os maiores casos de falência de grandes empreendimentos é a falta de responsabilidade e compromisso de seus representantes, que em algum momento deixaram de fiscalizar, de gerenciar as crises e os conflitos entre seus colaboradores, e muitas vezes terceirizam suas responsabilidades.

Destarte, assume o risco do negócio aquele que almeja ser líder, ainda que seja de si mesmo, firmando o desafio de superar seus limites e realizar até o impossível para que seus projetos saiam do mundo abstrato para o real e palpável. É uma pena que a responsabilidade, uma característica de grande importância não exista em todos, desmistificando a visão romântica das grandes lideranças, que eu chamaria de liderança de vitrine, em que antes de fazer parte parece tudo ajustado e perfeito, mas ao entrar a realidade já não parece tão maravilhosa e fantástica em razão do tamanho da responsabilidade que agora pesa sobre os ombros.

Gênesis 39:4-9 mostra-nos um homem chamado José, de caráter e responsabilidade irretocável. "Logrou José mercê perante ele, a quem servia; e ele o pôs por mordomo de sua casa e lhe passou às mãos tudo o que tinha. Aconteceu, que depois destas coisas, que a mulher de seu senhor pôs os olhos em José e lhe disse: deita-te comigo. Ele, porém, recusou e disse à mulher do seu senhor: tem-me por mordomo, o meu senhor, e não sabe do que há em casa, pois tudo o que tem me passou ele às minhas mãos. Ele não é maior do que eu nesta casa e nenhuma coisa me vedou, senão a ti, porque é sua mulher; como, pois, cometeria eu tamanha maldade e pecaria contra Deus?".

Um líder responsável tem em seu coração a certeza de seu chamado, sabe a dimensão da confiança que lhe foi depositada e reconhece os limites de sua função e de sua competência.

Perseverante - Quando tiramos um momento para refletirmos sobre o termo, somos impelidos pela memória a pessoas fortes, grandes personalidades em eventos como as olimpíadas, em que encontramos histórias incríveis de homens e mulheres que abdicaram de suas vidas para conquistarem um sonho, mesmo que para isso fosse necessário ultrapassar os limites do seu próprio corpo e do ser humano.

Para um atleta obstinado, a perfeição e a qualidade de um exercício são metas que precisam ser buscadas intensamente com horas, dias e anos de treinos, com a convicção de que é possível bater um novo recorde e subir no ranque mundial de classificação em sua modalidade.

Não se pode pensar em um líder apático, levantado na organização, na associação de moradores e na igreja com a expectativa de melhor desenvolvimento de suas equipes. Os verdadeiros líderes destacam-se em razão de sua fibra, de sua gana de mudar, de vencer, de chegar em suas metas. Sua determinação para o crescimento é contagiante e ele está disposto a fazer tudo que for lícito para preparar uma liderança que supera expectativas, competente, madura e, acima de tudo, vencedora.

Naturalmente, encontramos exemplos na história do povo de Israel, que nos dias de sua peregrinação no deserto teve que permanecer firme nas promessas de seu Deus e seguir as instruções trazidas pelo seu líder, Moisés, que, ouvindo o Senhor, anunciou (Números 13:2, ARA): "Envia homens que espiem a terra de Canaã, que eu hei de dar aos filhos de Israel; de cada tribo de seus pais enviarei um homem, sendo cada qual príncipe entre eles".

Após espiarem 40 dias as terras, os homens retornaram de sua missão. Todavia, 10 daqueles agentes espiões não trouxeram um relatório positivo, o que gerou ao povo grande temor. Já Josué e Calebe apresentaram uma descrição visionária, desafiadora, conforme expressa o livro de Números 14:7-9 (ARA): "E falaram a toda congregação dos filhos de Israel, dizendo: A terra pelo meio da qual passamos a espiar é terra muitíssimo boa. Se o Senhor se agradar de nós, então, nos fará entrar nessa terra e no-la dará, terra que mana leite e mel. Tão somente não sejais rebeldes contra o Senhor e não temais o povo dessa terra, porquanto, como pão, os podemos devorar; retirou-se deles o seu amparo; o Senhor é conosco; não os temais".

Tudo que um líder precisa é ser perseverante e confiar que Deus tem grandes coisas para lhe entregar conforme sua fé. Nessa esteira, poder-se-ia abordar outras qualidades apresentadas pelos espias Josué e Calebe, que fizeram um relatório ousado para o povo. Porém ainda não chegou o momento, ficaremos apenas com a perseverança.

Saliento que ser um líder perseverante não quer dizer o mesmo que ser um líder teimoso. Os termos talvez pareçam semelhantes, entretanto, no contexto prático, são opostos. Imagine que você seja mentor de dois líderes de sua comunidade e delegue tarefas parecidas a eles. Você observa que para executar a obra, ambos usam ferramentas inapropriadas, que resultam em erro na operação da missão, e embora já tenha advertido os líderes, apenas um deles atende suas orientações realizando com sucesso a missão. Dessa feita, usar as mesmas ferramentas após as advertências e orientações e obter resultados negativos em qualquer que seja a missão, torna-nos líderes teimosos e não perseverantes.

Líderes de verdade não se ressentem do crescimento dos seus liderados. Eles testemunham da habilidade do seu líder em desenvolver pessoas e líderes.

(Mac Dowell Penna)

Motivador - Toda e qualquer ferramenta para um excelente trabalho é bem-vinda ao nosso arsenal de estratégias para desenvolvimento de pessoas, equipes, departamentos e organizações de sucesso. No mundo de tantas invenções, modernidades, tecnologias e ativismo, em que as coisas e quase tudo se tornou volátil, essa característica deve ser cultivada muito mais por quem almeja uma vida de transformações e metas alcançadas, como o crescimento de sua liderança.

Tenha certeza de que na liderança é muito importante ter várias qualidades, como já observado no decorrer desta leitura, em que cada página lida o conduz a uma nova visão do que é ser um líder de sucesso e como vivem aqueles que buscaram e buscam organizar suas vidas para conquistar seus objetivos traçados diariamente.

Faça uma breve reflexão sobre a vida de um atleta que sonha em lutar com os melhores do UFC, como treina horas, dias e meses no preparo para suas lutas, sempre tentando apresentar o melhor resultado. Seu objetivo é nada mais, nada menos, do que ser o melhor em cada apresentação dentro octógono. Talvez você nem imagine, mas uma arma poderosa que não sai da cabeça de um atleta de ponta e de sua equipe de apoio é, sem sombras de dúvidas, a motivação.

Assim como um atleta, um líder precisa estar motivado para melhor direcionar seu trabalho no desenvolvimento de sua equipe, organização e liderança.

Segundo os especialistas em psicologia, a motivação funciona como um combustível, que será alimentado com tudo aquilo que internamente e externamente o direciona para as metas estabelecidas. Isso quer dizer que sem motivação, o que poderia ser uma jornada menos dolorosa será um caminho espinhoso e quase impossível de se concluir, pois não existe inspiração, visualização de linha de chegada, que é a expectativa dos que trabalham ou lideram com motivação.

Nessa esteira, saiba que é comum a motivação se esvair, mas para aqueles que estão obstinados a vencer sempre haverá uma estratégia para continuarem suas histórias. Tenho algumas técnicas que costumo usar para alcançar meus sonhos e meus objetivos, além de me manter motivado.

— Meu primeiro passo quando entro em algum propósito é fazer um planejamento. Recordo-me dos dias de magistério quando, ao começarmos o ano letivo, tínhamos que preparar um planejamento anual dos conteúdos de cada disciplina e tudo que seria trabalhado naquele ano. Após a confecção de um plano anual, ainda preparávamos um plano de aula, uma espécie de fracionamento do nosso objetivo maior, assim nosso trabalho era mais assertivo.

É importante que você faça o planejamento de como gostaria que fosse o ano que se inicia para sua liderança, equipe e empresa: quanto está disposto a crescer, vender e/ou alcançar na vida profissional, na vida familiar etc.; qual o preço que você vai pagar? Mantenha-se motivado, tenha um planejamento.

— Meu próximo passo é manter meu alvo de conquista à vista. Procuro colocar uma figura daquilo que representa o objeto do meu foco no alcance de minha visão, onde confronto constantemente, fazendo-me lembrar do meu propósito. É uma forma de trabalhar o subconsciente e manter-se motivado para alcançar seus objetivos.

Vale a ressalva, que essa estratégia é testada e indicada pelos que trabalham no desenvolvimento humano, no processo de *coaching* e pelos psicólogos. Muitos que estão vivenciando o mundo dos concursos públicos geralmente têm nas paredes de seus quartos, seus sonhos, metas e objetivos; estou falando aqui de pessoas que têm um propósito, uma vida definida, e que precisam estar motivados diariamente nessa luta, que é constante e muitas vezes parece desleal.

Talvez, a pergunta que você esteja se fazendo agora seja: qual estratégia devo usar para alcançar uma liderança de sucesso?

Minha resposta é: use a ferramenta, o método que funciona com sua equipe, sua comunidade ou sua organização.

Observando que o recurso de manter seu alvo fixo em lugares estratégicos para sua visualização não foi eficaz, estabeleça outras ferramentas, verifique se o planejamento tem sido executado conforme o previsto, se não exagerou nas medidas fixadas como objetivo. Manter-se motivado exige que se tenha o controle de qualidade, quantidade e eficiência, além de mecanismos que meçam seus rendimentos, como se faz no treinamento de grandes esportistas. Visualize seus sonhos, suas metas e seus objetos, motive suas equipes, suas comunidades e organizações.

— Observo meus erros. Sim, ao receber o resultado de uma prova faço a observação de todas as questões que errei. Essa é uma oportunidade de corrigir minha falta de atenção, controlar meus impulsos na hora de responder às questões e, havendo outra oportunidade, poder acertar mais questões. Os que não procuram sanar seus erros terão uma nova oportunidade de cometer os mesmos erros.

Nossos fracassos têm um papel fundamental na estrada para o sucesso. Ninguém que esteja disposto a chegar ao sucesso deixará de cometer erros. Esse é o preço que alguns não pagam, pois os erros e fracassos têm uma conotação pejorativa e parecem não fazer parte das histórias daqueles que são referências, ícones de sucesso em liderança, gestão e desenvolvimento de pessoas. Porém isso não é verdade. Segundo Maxwell (2017), os maiores empreendedores têm um índice de fracassos considerável antes de chegarem ao sucesso, não se deixando abalar, desanimar ou chegarem a desistir, pois em suas convicções os contratempos não configuram fracassos, apenas oportunidades para aperfeiçoarem sua trajetória para a conquista do sucesso.

Muitos líderes com potencial para desenvolverem excelentes trabalhos em suas comunidades estão agrilhoados e travados pelo medo de fracassar. Eles não percebem que por meio de suas falhas e seus erros estão abastecendo seus depósitos de experiências, de conteúdo útil no desenvolvimento humano, de liderança, de equipe e de comunidade.

Para Thomas Edison, seus fracassos eram novas possibilidades e isso era significativo. Talvez o mundo contemporâneo ainda fosse refém das lamparinas e dos candeeiros até para realizar as tarefas mais simples, como pôr a mesa de jantar, não fosse a resiliência desse homem inúmeras tentativas fracassadas ao inventar a lâmpada incandescente. Talvez ainda não desfrutássemos da possibilidade de uma leitura silenciosa na mesa de estudo usando somente a luz de abajur.

Não importa o quanto eu e você fracassamos, perseverar é a melhor opção. O maior erro do homem é desistir dos seus sonhos a um passo de realizá-los.

Foco - Segundo Maxwell (2015), um líder que está alinhado com seus propósitos é mais dinâmico naquilo que vislumbra como sua meta ou seu alvo para o seu crescimento. Isso quer dizer que ter foco como filosofia de vida é ter congruência, que reflete no seu comportamento e no que ensina.

O que tenho percebido ao longo de minha experiência como líder em nossa comunidade é que as pessoas que se propõem a liderar um departamento, grupo ou atividade começam com uma visão romântica, com muito boa vontade, mas isso não é o suficiente para uma gestão de qualidade e sucesso. Quais as evidências de que isso é verdade? Sua própria realidade. Ou você não conhece nenhum caso concreto de candidatos à liderança que até tiveram iniciativa, continuaram, mas pararam por aí, pois no caminho perderam o foco ou, lamentavelmente, já começaram sem objetivos, caíram na armadilha de que seria status liderar, que não iriam precisar fazer nada, só mandar. Estar focado é não tirar os olhos das primícias no desenvolvimento da liderança em qualquer tipo de local.

Quando pensamos em uma vida com propósito, esboçamos um indivíduo com foco, que tem uma direção tenha, traçado um projeto que lhe servirá de "mapa da mina", orientando cada etapa de uma longa viagem, com tempo de parada para descanso, rever o planejamento e se tudo está correndo como esperado. O resultado de qualquer que seja a missão, o propósito e a chamada dependem do quanto estamos focados.

Ora, vivemos exatamente aquilo que focamos. Suas experiências têm sido problemas e mais problemas e quanto mais você corre na expectativa de fugir, menos consegue livrar-se dos conhecidos contratempos. Nada mudará enquanto seu foco não for a direção para dirimir sejam quais forem seus problemas. Lembrem-se: seus sonhos e suas metas o conduzirão até a chegada do seu alvo.

Acredito que seu questionamento neste momento é: qual deve ser meu foco? Como saber no que focar? Primeiramente, atente-se para o que já compartilhamos no autoconhecimento. Perceba suas qualidades, seus hábitos, suas fraquezas e suas forças. Em segundo lugar, abra espaço para sentir o que te move, o que faz seu coração arder quando está meditando ou quando está junto com sua equipe de trabalho, na organização ou na comunidade. Qual o combustível que te faz levantar disposto todos os dias para labutar, sabendo que terá que matar um leão por dia para chegar à sonhada conquista. Sem direção, inspiração ou um sonho, que manterá a caminhada, tudo fica muito difícil.

Compreendo também que alguns líderes têm um sonho, estão focados e motivados para alcançarem suas metas. Eles tentam organizar, compartilham com os mais próximos suas etapas para desenvolverem e criarem estratégias que tornem o sonho uma realidade. E mesmo assim muitas organizações, equipes e departamentos não conseguem ter êxito.

Nas muitas vezes que ministrei sobre o tema abordado e sobre os milagres que Jesus pode fazer, encontrei muitos amigos e irmãos testemunhando como Deus respondeu determinada oração. Inevitavelmente, também ouço pessoas comentando que pediram tantas coisas que ainda não foram alcançadas. Recomento a essas pessoas que usem uma ferramenta que aprendi com as muitas vezes em que perguntei a Deus por que o pedido de uma pessoa não foi atendido, Ele me fez entender que para alcançar o milagre, a vitória, um melhor rendimento da equipe, do grupo e da instituição era necessário, além do foco, ter o conhecimento dos conceitos de prioridade, importante e urgente, o que passei a chamar de P.I.U. Vamos a um breve conceito dos termos do acrônimo:

> **Prioridade** é aquilo que vem primeiro, como o próprio vocábulo diz.
>
> **Importante** é aquilo que precisa ser sanado, porém é possível ser adiado para outro momento.
>
> **Urgente** é aquilo que está ligado ao meu tempo de resposta, ou seja, não tenho mais prazo para me demorar.

Siga essa estratégia dentro do seu foco, atentando-se para aquilo que é prioridade, importante e urgente. Assim, seu propósito de desenvolvimento pessoal e de sua equipe será mais assertivo, bem como as orações e os pedidos diante do Senhor serão mais comedidos, porque agora você criou uma espécie de filtro usando a ferramenta do P.I.U.

Visão – Nossos sentidos são talentos que o criador concedeu-nos como presente para nossas vidas, que nos auxiliam na percepção do cosmo. Os cinco órgãos dos sentidos dão-nos a oportunidade de provarmos a realidade por meio do cheiro, do sabor, do ouvir um ruído, de tocar um instrumento e avistar a distância um familiar chegando de viagem. Tudo isso é maravilhoso. Mas não me refiro aqui apenas à característica física de um órgão do sentindo, a visão de um líder deve ir além.

Neste exato momento recordo-me de um desenho animado que assisti na minha infância, e tenho certeza de que muitos dos que são da minha geração também lembrarão. Os Thundercats eram incríveis, assim como as aventuras que os personagens humanoides felinos, vindos do planeta Thundera, viviam. As crianças daquela época ficavam presas em seus televisores para acompanharem cada episódio, não havia um garoto que não quisesse ganhar uma espada igual à do líder chamado Lion-O.

Você, que não faz parte dessa geração, questionou-se por que os meninos queriam uma espada do Lion-O? Bem, ela era uma espada especial, que na hora das batalhas crescia nas mãos de seu dono e tinha um poder mágico, que era dar a visão além do alcance. Era possível ver qualquer coisa, qualquer perigo ou adversário, em qualquer lugar no tempo com a espada e com o olho de Thundera.

Usei essa lembrança para lhe mostrar que o líder de sucesso tem que buscar uma visão além do seu alcance. Nada de sair por aí com uma espada nas mãos gritando: "Espada justiceira, dai-me a visão além do alcance!". Temos muito mais do que isso!

A Bíblia traz em II Coríntios 5:7: "Porque vivemos por fé, e não pelo que vemos". O apóstolo mostra que vive não pelo que tem visto. Sua visão de sofrimento não é maior do que a glória eterna que está preparada pelo Senhor para Seus filhos. Assim, como não crer nas promessas do Cristo de Deus que levará sua igreja para desfrutar de uma vida eterna?

Temos o exemplo de Pedro no evangelho segundo escreveu Mateus 14:22-36 (NVI), que após avistarem o Mestre andando sobre a água e por não terem uma visão clara de quem e/ou do que era aquilo, começaram a gritar, mas logo foram surpreendidos com a voz do Mestre: "Mas Jesus imediatamente lhes disse: coragem! Sou eu. Não tenham medo! Senhor, disse Pedro, se és tu, manda-me ir ao teu encontro por sobre as águas. Venha, respondeu ele. Então Pedro saiu do barco, andou sobre as águas e foi na direção de Jesus. Mas, quando reparou no vento, ficou com medo e, começou a afundar, gritou: 'Senhor, salva-me!'".

Não desanime, continue sua leitura, vai valer a pena! Todo candidato a um cargo de liderança precisa ser visionário e será testado quanto ao alcance de sua visão. Nada pode lhe distrair no desenvolvimento de outros líderes, nem mesmo os ventos ou tempestades, como foi o caso de Pedro. Mantenha sua visão aguçada, veja além das aparências e tenho certeza de que fará um grande trabalho na missão de descobrir ou preparar líderes de sucesso. Pague o preço que alguns não pagam ampliando sua visão.

Dinâmico - Não consigo conceber um líder com visão de águia, íntimo desejo de crescer e realizar grandes feitos, inerte. Quando paramos para imaginar um líder de sucesso, vem-nos a imagem de alguém desenvolvendo grandes trabalhos, que tenha um projeto de crescimento, que está trabalhando sua equipe e realizando treinamentos, com o fim de se especializar e ficar pronto para servir não apenas o seu grupo, mas também outros grupos, empresas, comunidades etc.

Essa característica é uma marca na vida dos grandes líderes, pois os sentimentos de crescer, empreender e vencer os consomem continuamente, não abrindo margens para momentos infrutíferos e digressões que poderiam custar caro, como um tempo investido em um saco furado. Todavia sabe-se da importância dos momentos de relaxamentos, de reflexão ou aquilo que a filosofia chama de ócio filosófico.

Para Platão, o ócio era fundamento da filosofia, acreditando que não era possível chegar ao estado de contemplação e da verdade sem liberdade para o ócio. Parafraseando, não há criatividade e produtividade sem momentos de reflexões e ponderações, na perspectiva de uma liderança produtiva, saudável e dinâmica.

Quero dizer que o líder sempre tem muito trabalho a realizar com suas lideranças, grupos e departamentos. Muitas vezes será uma jornada solitária, horas de planejamentos à procura das melhores estratégias para que a empresa saia do vermelho, para que as equipes consigam fechar suas metas semestrais, anuais, uma rotina que parece não ter fim.

Mas que fique claro aqui, não vamos confundir dinamismo com ativismo, ou que para ser um líder dinâmico e de sucesso sua vida será só trabalho e nenhum lazer.

A verdade é que liderar tem ficado cada vez mais complexo. É um desafio diário, uma tarefa árdua, superar seus limites, estar presente no desenvolvimento de um grande trabalho com várias cabeças, gerenciar o projeto e diversas pessoas, porém não impossível. Então, você é um líder dinâmico? Ou está mais para aquele tipo paradão, letárgico e sem expressividade?

Hora de mudar, esse será um novo tempo na sua vida. Entenda que é possível ser esse grande líder que sempre sonhou. Mesmo que outros não acreditem nessa possibilidade em razão do seu jeito introvertido, tímido, nada disso pode impedi-lo de realizar um trabalho de excelência na liderança.

Aconselho um planejamento diário de suas atividades, e antes de qualquer outra coisa, sugiro que aprenda a usar uma agenda. Aprendi a usar esse recurso vivenciando liderança ao longo do tempo. Eu notei que não era possível gravar tudo, lembrar de tudo e que era mais dinâmico quando mantinha as ideias, projetos e *insight* anotados para futuras reuniões. Sei que o simples fato de ter uma agenda em mãos não é o suficiente para atender suas necessidades, mas em posse de uma você terá registrado o que precisa fazer, para quem deve delegar tarefas específicas e os horários de seus compromissos, como: reuniões, contas a pagar, *feedback* com os líderes de equipes etc.

Vivemos em um tempo em que as mudanças são muito rápidas. Mal nos acostumamos com uma demanda na empresa e já temos um novo pedido, um novo desafio para as equipes de produção e departamentos. Adquirimos um celular e já existe um novo modelo com mais tecnologia. Esse é o mundo globalizado, que não perdoa indivíduos que não estejam prontos para uma vida dinâmica ou uma liderança competente que está acompanhando as transformações que estamos vivendo.

Não há como ser um líder com essa característica sem as devidas adequações. Liderar exige cada vez mais dinamismo e versatilidade daqueles que se propõem a ser um líder de sucesso diante de tamanhas inovações não só no mercado de trabalho, mas em todo o mundo e dentro do ambiente de gestão e liderança. A dinâmica não é apenas para saber mandar, fazer e planejar. Ela está no *pipeline*, ou seja, em todas as etapas de qualquer que seja a meta de onde você é o líder.

Dinâmica é um talento que todo o líder precisa desenvolver. No decorrer de sua liderança, o líder vai perceber que é impossível fazer tudo sozinho, que deverá dispor de uma equipe habilitada para atendê-lo em suas muitas tarefas, e para isso ele deverá entender que sem dinamismo para treinar outros líderes, formar uma equipe que esteja pronta para servir em qualquer que seja a missão, e até para substitui-lo quando, por algum motivo importante, ele não consiga cumprir sua agenda. É isso mesmo. Um líder de sucesso e que paga o preço que alguns não pagam deve ser tão dinâmico em sua liderança que desenvolverá novos líderes no processo de sua lida diária.

Não desanime. É possível viver uma liderança crescente e dinâmica. Nosso paradigma é Jesus, o líder dos líderes, que nos conquistou com seus ensinamentos simples, mas de profundida indizíveis, e que levou o mundo inteiro a refletir em suas palavras por meio dos escritos sagrados.

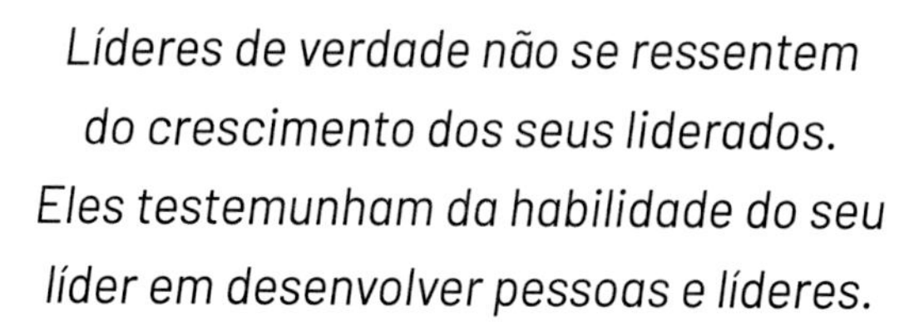

> *Líderes de verdade não se ressentem do crescimento dos seus liderados. Eles testemunham da habilidade do seu líder em desenvolver pessoas e líderes.*
>
> *(Mac Dowell Penna)*

5

O LÍDER DE SUCESSO

A história literária catalogou como nasceram os grandes personagens que lutaram as grandes guerras, as grandes descobertas na área das Ciências, como descobriram as vacinas contra tantas enfermidades que assolavam a sociedade e que, então, tornaram-se curáveis e tratáveis, como a tuberculose, a febre amarela e o sarampo. Ou seja, o mundo vai sempre evoluindo e tomando nota daquilo que é importante para sua posteridade.

Graças ao bom Pai, também temos muitas coisas sobre liderança e como é possível observar na história que no passado surgiram homens e mulheres que deixaram um legado sobre a importância de termos um líder para conduzir. Como exemplos temos o povo no deserto liderado por Moisés; José, no Egito; Martin Luther King Jr., pastor americano e ativista político; Aimee Semple Mcpherson, fundadora da Igreja do Evangelho Quadrangular. Existem muitos outros que poderiam ser citados pelos seus grandes feitos, mas não é possível em pouco espaço ou em uma única obra falar de tantos líderes que marcaram a vida de tantas pessoas.

Meu objetivo aqui é apresentar alguns homens e algumas mulheres que, imbuídos de um chamado, seguiram suas jornadas para realizarem o melhor de suas vidas, com o desejo de construírem uma história que alcançasse muitos outros e mostrando que nada impede o indivíduo de chegar onde almeja quando há determinação, trabalho duro, competência e responsabilidade, sem qualquer necessidade de deixar seus princípios e valores.

BRIAN HOUSTON - Fundador e pastor sênior global da Igreja Hillsong. Segundo sua visão, ele não achava que era possível ser ele um escolhido do Senhor para conduzir sua igreja ao devido crescimento.

Nascido em Auckland, Nova Zelândia, filho de um ministro do Exército da Salvação, viveu uma adolescência bastante distante do que seria o ideal para um futuro líder de sucesso. Ele teve que superar seus medos internos, a responsabilidade e a pressão que era ser o filho do pastor. Ainda com algumas inseguranças em seu íntimo, ardia uma chama pelo chamado de Deus.

Assumir a liderança de uma igreja e começar a treinar líderes para que ocupem seus encargos e fazê-los entender que eles podem realizar o melhor para Deus, que os chamou para produzir, é sempre um desafio para qualquer um.

Sei como é estar envolvido no trabalho de liderar e ter que preparar outros líderes para que a comunidade tenha maior crescimento e novas oportunidades. É preciso investir horas e horas para isso.

Primeiro, é necessário conscientizar os futuros líderes que Jesus os escolheu para fazerem a diferença na vida de pessoas, muitas vezes com suas vidas totalmente destruídas, vítimas da violência doméstica, do abandono afetivo, dos vícios e das muitas mazelas sociais. Em segundo lugar, que seu trabalho não é dedicado ao homem, mas a Deus, embora devamos honrar e obedecer a aquele que Cristo levantou como o anjo daquela igreja. Isso tudo é um grande processo dentro do desenvolvimento de uma liderança que está focada no crescimento do Reino de Cristo.

Para Brian Houston, é bom olhar para trás e notar como valeu a pena viver pela fé em Cristo Jesus. E como é poderoso lembrar o começo de sua caminhada na graça e perceber quantas pessoas foram acolhidas pela Igreja e o incondicional amor de Deus, ainda mais quando muitas dessas pessoas já não encontravam mais saída para seus infortúnios, seu desespero e medo de tudo.

Certamente, nada é mais gratificante para um líder do que saber que seu chamado está sendo cumprido, ouvir que pessoas no mundo inteiro estão sendo salvas pelo seu trabalho ministerial, pela sua coragem, pela sua perseverança e por sua visão. Isso é extasiante e é a recompensa que o Senhor nos concede pelo exercício da fé.

Na vida de um líder que realmente confia no Senhor existem as inquietações, as angustias e as inseguranças, mas a Ele devemos a honra e a glória por levantar homens determinados como Brian Houston, que não se curvou diante de tempestades, dos assombros junto ao mar e nas muitas vezes em que precisou de consolo, encontrou na força do Espírito Santo, que se aperfeiçoa em nossas fraquezas, e levou consolo aos irmãos, aos amigos e aos muitos lugares por onde passou ministrando a palavra de Deus.

É um compromisso andar na presença de Deus e uma escolha de viver pela fé, assim como decidir começar uma congregação com um culto inicial com cerca de 70 pessoas pelo desejo de anunciar as boas novas em um lugar distante da cidade, onde a probabilidade de as pessoas participarem de algum culto era mínima.

Notadamente, era o Espírito Santo conduzindo a vida desse homem, que se tornaria uma referência de liderança para o mundo, com igrejas espalhadas nas maiores cidades de vários países. Um líder de sucesso, que não teve medo de seus fracassos ou de falhar na caminhada. Antes, arriscou depositar sua esperança em Deus e viver para testemunhar de como tem sido bom caminhar pela graça.

É inquestionável que Brian Houston é um líder que pagou e paga um preço que muitos não pagam para viver um crescimento exponencial em sua vida ministerial. Ele precisou de disciplina, resiliência, fé e muita atitude para fazer a diferença por onde já semeou e ainda tem semeado essa boa semente. Suas conquistas nos inspiram, trazem o gás que precisamos na jornada de crescimento e desenvolvimento de liderança.

Com seus ensinamentos extraímos que é possível construir uma comunidade, uma igreja, uma instituição com o fim de resgatar vidas destruídas, sem perspectivas, desacreditadas, para que se tornem referências de transformação, de crescimento e de liderança na grata missão de levar as boas novas.

Ressalto que suas derrotas, seus fracassos, suas lutas e críticas não determinam o final de sua história. Liderar com excelência é um processo que não se admite cortar caminhos ou pular etapas sem as quais não haverá uma sólida formação dos que buscam uma liderança de sucesso.

Nada será como antes depois que compreender que o melhor para nossas vidas, na visão de Brian Houton, é "ocupar o exato espaço da graça de Deus na minha vida", valorizando os pontos fortes entregues por essa multiforme graça do Pai.

Senhor te louvo por Hillsong "ser um ministério e não uma fórmula".

(Brian Houston)

WOLFGANG SAUER - A visão e a resiliência são armas que não podem faltar no arsenal do indivíduo que deseja ser um futuro líder de sucesso. Sei que há muitas outras características indispensáveis para um grande líder, porém sem visão a jornada certamente será muito mais fatigante. Sem resiliência, no primeiro contratempo no processo espinhoso de crescimento e desenvolvimento de líderes, teremos uma toalha branca jogada no chão acenando a desistência.

Sauer é um grande exemplo de conquista e que é possível ter visão de crescimento e sucesso em meio a tantas lutas e batalhas, literalmente falando. Ele era natural da Alemanha, da cidade de Stuttgart, atualmente considerada uma das cidades mais calma para se viver, mas que no passado sobreviveu aos bombardeios da Segunda Grande Guerra. É desse ambiente que esse visionário saiu para contar uma história de superação, crescimento e conquistas. Como já foi dito, o sucesso de um líder está vinculado ao preço que ele está disposto a pagar para ter resultados positivos.

Quando pensamos em um líder de grandes conquistas, imediatamente surgem pensamentos do tipo: já nasceu em berço de ouro, tem muito dinheiro, é um líder nato. Mas isso não passa de crenças limitantes, de falácias e fantasias, pois sempre existirá uma grande história por trás de um líder de sucesso.

A biografia de Wolfgang nos mostra que um grande líder pode nascer em uma família simples e muitas vezes anônima, mas as escolhas e sua perseverança farão de sua vida uma escola para muitas gerações, sedentas por uma direção em meio à concorrência desleal no mercado de trabalho, a má distribuição de renda, a desigualdade social e as guerras políticas e armadas que são como vulcões prestes a entrar em erupção.

Ora, como acreditar na possibilidade de que um menino que ficou sem a referência paterna muito cedo, criado por sua mãe e suas irmãs, sem condições financeiras, obrigado a esconder-se dos bombardeios, que sairia de sua cidade porque a guerra estava declarada, tornou-se um líder de sucesso? Mas ele sobreviveu em meio à Segunda Grande Guerra, realizou trabalhos penosos para pessoas de posse como forma de pagamento pelo abrigo e continuou indo à escola mesmo sem muitas expectativas.

O desenvolvimento de um líder de sucesso não se dá por acaso, mas ele jamais cresce sozinho, sem o investimento de outros que nele acreditam e o apoiam em sua jornada. Alguns talvez nem consigam enxergar talentos ou a possibilidade de aquela pessoa humilde, tímida, com pouca desenvoltura e sem características para liderar, torne-se uma referência de liderança.

Mas isso faz parte da história de Wolfgang Sauer. Muitos passaram em sua vida e não acreditaram em seu potencial para ser um paradigma de superação e grandes conquistas. Entretanto calar a voz que nos assombra diuturnamente com palavras negativas, com uma visão pessimista e dizendo que não é possível chegar ao lugar desejado não é fácil. Mas cada obstáculo encontrado no caminho deve nos servir de degraus para a liderança de sucesso que acreditamos.

Passar pelo processo de aprendizagem, de treinamentos, de acertos e erros, não deixar de acreditar que sua oportunidade vai acontecer, também é seguir o curso da própria existência. No caso de Wolfgang Sauer, já como técnico industrial, em outro país, ele assumiu a direção de um escritório e compreendeu que seu papel como profissional era sua responsabilidade. O tempo longe de sua família mostrou o quanto era preciso fazer amizades e ter bons amigos, e seus altos e baixos no dia a dia como líder, em Portugal, despertou nele a empatia por todos os colaboradores da empresa.

É sensacional e muito contagiante saber que ele saiu de técnico industrial, com uma boa estrutura em um país, para ser responsável por uma empresa na Venezuela sem qualquer recurso e totalmente abandonada, como representante da Bosch. É extraordinário ver o que ele vez com sua permanência na empresa e a revolução que ele promoveu com uma reestruturação dos negócios, do caixa a cobranças de clientes, colocando a mão na massa, como ir atrás dos clientes e participar com seus colaborados de consertos de bombas e motores, para conseguir grandes contratos, e não apenas na Venezuela, mas nos países vizinhos, abrindo novas lojas e oficinas, alcançando a credibilidade que a empresa já havia perdido.

O êxito na liderança de qualquer departamento ou grupo não se dá apenas pelo fato de saber delegar tarefas aos colaboradores de uma equipe, mas fundamentalmente de saber fazer a tarefa, como realizar e executar a missão. Os líderes que comumente vivem uma liderança teórica não conseguem mensurar que liderar em teoria é totalmente diferente de liderar na prática. Ou seja, os que buscam uma liderança de sucesso precisam experimentar, sentir e vivenciar o trabalho realizado pelos seus liderados, além de treinar e formar novos líderes.

À frente da Bosch, na Venezuela, Wolfgang Sauer reorganizou a empresa, resgatou sua boa reputação e grandes lucros, deixando o país com o dever cumprido e a prova de que mesmo sendo estrangeiro em terras alheias é possível começar do zero e tornar-se um líder por excelência.

Homens como Wolfgang Sauer não se acostumam a uma vida comum sem desafios, sem trabalhos que não os levem à superação de seus próprios limites. Com tamanha capacidade e notoriedade para grandes negócios, era impossível esse líder ficar parado em uma zona de conforto e comodidade. Novas oportunidades e demandas surgiram para ele, como ocupar a cadeira de presidente da Bosch no Brasil, outro árduo trabalho, mas não diferente dos demais, e que foi imprescindível para colocar de uma vez por todas seu nome na história.

Não que ele precisasse provar às pessoas suas habilidades comerciais, empresariais e *expertise* na reestruturação de empresas fracassadas em grandes negócios. A verdade é que líderes não se conformam em existir se não forem motivados pela paixão de continuar empreendendo, levando crescimento e superando suas próprias expectativas.

Após muitos trabalhos como técnico industrial, representante da Bosch na Venezuela, de realizar grandes feitos na representação comercial e conquistar credibilidade no mercado industrial e de reposição de peças automobilística, a Volkswagen conseguiu ficar com seu passe.

Wolfgang Sauer chegou ao Brasil por volta da década de 60, para construir uma brilhante história de liderança e grandes conquistas no senário automobilístico. Sua visão aguçada para crescimento exponencial acompanhou-o por onde passou, e com isso vieram a transformação do ambiente de trabalho, a mudança de mentalidade dos seus colaboradores, tanto os que operavam diretamente as máquinas nos serviços internos quanto os colaboradores externos, como os fornecedores de matérias-primas e clientes.

Sua percepção do que precisava ser reorganizado dentro da organização era surpreendente. O investimento no preparo de engenheiros para a Bosch e, consequentemente, para novos projetos comerciais e industriais trouxeram resultados fantásticos não apenas para a empresa, mas também para os colaboradores, que passaram a se dedicar ainda mais ao trabalho devido à motivação que a gestão humana e valorativa desse pioneiro causou - e ainda causa - em suas equipes de trabalho, e também neste humilde admirador, que se rende à sua história de sucesso.

O líder de sucesso é aquele indivíduo que aplicou em seu desenvolvimento suas características mais fortes, que se dedicou a aperfeiçoar seus sonhos e metas. Nas histórias de Brian Houston vimos que sua visão de crescimento era uma base sólida, que seu caráter era forte a ponto de tomar decisões difíceis e necessárias sem misturar sentimentos. Há uma coragem latente em toda sua trajetória, que o levou a construir uma liderança de grande sucesso e influenciar permanentemente os que realmente pagam um preço para viverem uma liderança de sucesso.

Do outro lado temos Wolfgang Sauer, que levado por uma grande necessidade de garantir o sustento de sua família não se escondeu dos desafios que lhe foram apresentados. Mesmo que outros não acreditassem em seus talentos, sua genitora sempre o incentivava com palavras de carinho e atenção. Isso o fortaleceu. Aquele garoto que não tinha o crédito de seus professores, muitas vezes foi aplaudido pelos grandes feitos nas empresas pelas quais passou.

Sua habilidade de resolver problemas era genial, a coragem, a maestria em dialogar, levaram-no a lugares que seus críticos diziam ser impossível. Mas nada consegue parar um homem determinado em ser líder de si mesmo. Notadamente, quem almeja uma liderança de sucesso deve estar pronto para pagar o preço que alguns não pagam e cultivar as características apresentadas por esses homens, que demonstram o compromisso em liderar por meio de seus resultados.

Como presidente da Volkswagen do Brasil, ele apresentou características que foram determinantes em sua liderança, como o empreendedorismo para criar mecanismos de venda e produção em épocas em que o país enfrentava crises financeiras, mantendo-se no mercado automobilístico como referência de qualidade em todos os aspectos, e sem dispensar em massa os colaboradores que faziam dos projetos da empresa uma realidade.

Penso que uma liderança sem empatia não dura por muito tempo. A história da evolução social desde seu princípio demonstra que necessitamos uns dos outros, que de alguma forma o homem é um ser social — embora hoje até paire certa dúvida com o comportamento nada humano em alguns casos. A sociedade tem registros de produtividade em que há equilíbrio e reciprocidade entre seus semelhantes, ou seja, os líderes buscam atender às necessidades de todos.

Na liderança de Wolfgang Sauer ficou patente o quanto seus colaboradores e equipes eram prioridades. Por exemplo, ele demonstrou isso quando implantou uma escola na Volkswagen para todos os seus colaboradores, com curso técnicos e de capacitação para que sua mão de obra fosse especializada. Ele também criou parcerias para ter um hospital que atendesse não apenas aos funcionários da empresa, mas toda a comunidade. O lucro e o status da presidência da empresa foi consequência do seu bom trabalho, os resultados falam por si só.

Um líder de sucesso deve carregar em sua vida a ferramenta do dinamismo na prática. Imagine a liderança de alguém apático, letárgico e indiligente. É hora de se levantar e colocar em exercício o que Deus e a vida lhe concederam, usar os talentos que você já descobriu que tem e começar sua história. Não permita que pessoas sem qualquer esperança para suas vidas, que simplesmente pararam no tempo, determinem o que é possível ou não para o seu futuro.

Wolfgang Sauer não deu ouvidos às palavras negativas, não se deteve pelas circunstâncias, nunca deixou de acreditar no trabalho organizado e gerenciado com competência. Como já disse, mas repito agora, além do dinamismo, o segredo para tornar-se um líder de sucesso está em pagar o preço que muitos não pagam. Quanto você está disposto a pagar?

Liderar não é ter dezenas de títulos, jogá-los nas pessoas quando se tem a oportunidade de se manifestar. É exatamente o contrário, é apenas continuar com seu trabalho e deixar que as pessoas se apresentem e os resultados provem que sua liderança deixou marcas por onde você passou.

A história de Wolfgang Sauer é brilhante pela forma como sua liderança se estabelecia entre as pessoas, como sua simplicidade alcançava do chão de fábrica ao alto escalão. O menino de Stuttgart tornou-se um líder gigante, resiliente, dinâmico e visionário da indústria automobilística, conquistando todo o prestígio possível a um homem na gestão de grandes empresas. Ele pagou o preço que muitos não pagam para ser um líder de sucesso.

Liderar sozinho é utópico. Aquele que busca esse status com exclusividade está abrindo as portas para o orgulho e para o engano.

(Mac Dowell Penna)

STEVE JOBS – Há muitos ícones conhecidos pelas massas que estão nas manchetes, em revistas famosas, blogs etc., que ostentam suas conquistas e suas vidas de fama, seduzindo muitos com essa falsa realidade, levando-os a imaginar que podem chegar ao topo de uma hora para outra. Mas isso é utópico, pois uma vida de sucesso exige muito trabalho, horas e horas de entrega a um projeto, persistência, coragem, organização e muita fé de que tudo que está semeando em breve será fartamente colhido.

Quem nunca ouviu falar de Steve Jobs ou da Apple? Eles até parecem sinônimos, mas evidentemente não são. Muitos só não sabem sua origem, de onde ele veio, como foi sua infância, o fato de ser adotado. Ter um aparelho da Apple com software e hardware da última geração é a melhor parte da história.

Ninguém imaginava que aquele garoto meio desengonçado era diferente dos demais colegas de escola. Talvez sua aparência ou seu ponto de vista sobre as coisas, seu interesse por assuntos mais complexos, que o diferenciavam dos meninos de sua idade, tornassem-no uma incógnita. Nem mesmo seus primeiros professores e até mesmo seus pais conseguiram entender sua diferença e suas habilidades.

Vale ressaltar que seus pais cuidavam muito bem dele e o amavam deveras, e ofereceram o melhor de tudo que estava ao alcance deles. Com várias mudanças de escolas, em uma delas a professora notou suas habilidades intelectuais, submetendo Jobs a provas que confirmaram sua capacidade cognitiva elevada.

O improvável é o mais comum de se pensar. Na velocidade inebriante do preconceito que temos sobre vencer nesta geração. Entretanto, ainda existem muitos talentos escondidos em locais inimagináveis. Como pensar que aquele garoto que buscava junto aos amigos uma oportunidade de pregar uma peça uns nos outros era um potencial empreendedor e que seria um revolucionário no campo da tecnologia?

Para Paul Reinhold e Clara Jobs, seu filho só precisava de atenção e muita paciência. Até que depois de passar por muitas escolas, foi comprovada sua capacidade intelectual, e Steve Jobs foi direcionado de maneira mais assertiva nos estudos. Ele próprio ficou um pouco confuso e cético no princípio em relação à sua genialidade, uma vez que seu pai era seu referencial e que ele estava acostumado a vê-lo resolvendo problemas mecânicos dos carros que adquiria para reformar e revender.

Talvez você esteja se identificando com essa história, o que possível. Existem muitas pessoas que ainda não se encontraram e/ou que não foram descobertas. Mas em algum momento – e sinceramente espero que seja agora – você se descobrirá como um grande empreendedor e líder de si mesmo, pois quem não consegue liderar sua própria vida dificilmente liderará outras pessoas.

Sei que há um tempo determinado para tudo, mas entendo que o seu e o meu tempo é agora, uma vez que temos o domínio do cronos em nossas vidas. Não há tempo a perder, levante-se e veja que o mundo espera ansiosamente por um líder disposto a transformar tudo que está a sua volta. Coragem, você é capaz!

Um líder de personalidade não nasce pronto, por mais habilidoso que seja. Haverá comportamentos e hábitos que precisarão ser polidos para se chegar a uma liderança de excelência. Isso foi um fato na vida de Steve Jobs, com sua aparência física, sua maneira de se vestir e sua mania de andar descalço.

Sua mente era brilhante e estava sempre se movimentando com ideias geniais, pensando em coisas grandes e infinitas possibilidade de fazer grandes negócios, mesmo que as ideias ainda não lhe fossem muito claras, como os cursos que deveria fazer. Jobs estava constantemente em busca de algo que o mantivesse ativo e com propósito. Isso é possível conferir em uma biografia escrita por Walter Isaacson (2011). Jobs trabalhou em várias atividades temporariamente apenas para se sustentar, como: animar festa, fazer trabalhos nos laboratórios da faculdade, manutenção de máquinas etc. Mas o mais importante é o fato de que no íntimo de Jobs havia esperança de construir algo que fosse parte de sua vida, idealizado e organizado por ele.

Fica evidente ao dileto leitor que as personalidades que trouxe até aqui como modelos de lideranças de sucesso, tinham características semelhantes em vários aspectos, que os direcionou para o desafio de conquistarem seus espaços no mercado de trabalho, em uma empresa ou em sua comunidade. E o sucesso não está simplesmente no talento que carregavam, na sorte de ter nascido um gênio, mas no pujante desejo de fazer a diferença e influenciar vidas por onde passassem, usando as ferramentas que estavam dentro de si e faziam parte de suas personalidades.

A força, a coragem, a resiliência e o dinamismo são atributos que facilmente percebemos como diferencial nos exemplos de lideranças apresentados nesta obra. Não nos esqueçamos das qualidades desses homens, que deixaram um legado como bússola para uma geração que tem fome de vencer e conquistar.

Como seria a vida de Wolfgang Sauer sem o talento do diálogo, a coragem para empreender, seu dinamismo, seu conhecimento e, sobretudo, sua atitude para chegar tão longe? Lembre-se, se pretende deixar seu nome gravado na história como um grande líder, um profissional brilhante, é necessário fazer o que nunca foi feito. É exatamente isso que está pensado: você tem que pagar o preço que muitos não estão dispostos a pagar.

Nesse viés encontramos o fenômeno Jobs, que mesmo sendo um indivíduo de uma mente ímpar e uma inteligência privilegiada, sua caminhada foi muito intensa, cheia de altos e baixos.

Ele realizou alguns trabalhos em empresas que tinham como seguimentos jogos eletrônicos. Chegou a criar alguns dispositivos, mas nada tão promissor, e mais uma vez teve que recomeçar. Muitas vezes, antes de sermos descobertos para o mundo temos que nos autodescobrir. Trata-se de saber quem você realmente é. Sem esse conhecimento será uma jornada mais lenta e, quem sabe, dolorida, e, ainda assim, é preciso nunca pensar em desistir.

Jobs teve muitos momentos de turbulências na administração de sua sonhada empresa, a Apple. Suas ideias nem sempre eram compreendidas pela equipe, que compartilhava dos mesmos objetivos, como a criação de um computador que trouxesse para o mercado da tecnologia inovação, simplicidade e fosse arrojado. Graças à sua visão perfeccionista das coisas, ele conseguia extrair das pessoas o seu melhor, apesar de nem sempre o relacionamento ter sido o ideal. Muitas pessoas sentiram-se ofendidas e distratadas pela forma como Steve Jobs fazia suas observações quando da apresentação e da execução de algum projeto em andamento.

Ser um grande líder não quer dizer que seus projetos em tempo algum fracassarão. No desenvolvimento de sua liderança, Steve Jobs teve que superar os muitos fracassos cometidos na produção de um computador pessoal que superasse em criatividade e inovação seus concorrentes, como ocorreu na década de 1980, quando a IBM tomou grande parte do mercado com seus produtos, superando a Apple II, Apple III e outros. Porém, esse desbravador não abriu mão dos seus sonhos nem se entregou à derrota, ele sabia que podia até perder uma batalha, mas não estava disposto em desistir da guerra.

Imagino o amigo leitor refletindo sobre sua vida como gestor de seus negócios, líder na empresa ou na comunidade, e como tem sido sua atuação como referência de liderança. É valioso saber que seus fracassos também são importantes no processo de alcançar uma liderança de sucesso. Ora, sem a análise do que deu errado, onde falhamos, é impossível superarmos nossos limites e realinharmos nossos propósitos.

Então largue essa mania de querer estar certo o tempo todo. Homens são passivos de falhas. O melhor a se fazer é reconhecê-

-las e retomar as atividades da liderança, aprender novas lições e garantir a credibilidade e a confiança da equipe.

Um líder sem credibilidade é um problema que traz outras dificuldades para a gestão da empresa ou qualquer outro empreendimento, como expor sua equipe a conflitos entre si, perdendo-se o respeito paulatinamente, não havendo outra opção senão a troca desse líder.

O grande Steve Jobs viveu muitas etapas dentro da liderança e no segmento de produtos tecnológicos de alta performance. Sua intuição na idealização de novos produtos para um mercado crescente e de muita expectativa na inovação de software, hardware e tecnologia era extraordinária, porém sua liderança nem sempre foi bem-vista pelos seus colegas de trabalho, havendo a necessidade de substituí-lo para que a Apple continuasse saudável do ponto de vista empresário-comercial.

Mesmo durante o longo período distante da empresa que criou, Jobs não parou de ter grandes ideias e manter seu nome como um dos ícones de destaque quando se falava em inovação, tecnologia, criatividade e resiliência. Essas características estavam impregnadas em sua vida e logo que a empresa sentiu dificuldade de manter o controlo de qualidade em suas produções e não conseguindo equacionar seus dilemas, o conselho diretor resolveu trazer de volta aquele que tinha muitos comportamentos não polidos, mas que conduzia a organização como um maestro rege sua orquestra.

O homem chamado Jobs não brincava de liderar sua empresa. Sua agenda era cheia de compromissos com muitas personalidades, mas não eram suas prioridades, sendo elas suas equipes de produção, de marketing, de logísticas e de designer. Todos os dias havia reuniões com seus respectivos setores, com o propósito de melhorar a produção, a criação e distribuição do produto a fim de superar os concorrentes, que estavam focados em ganhar dinheiro, diferente da filosofia de vida de Steve, que buscava oferecer ao consumidor uma nova experiência com os produtos que a Apple produzia, garantindo sua permanência no mercado como a maior empresa no segmento de tecnologia e informática.

Steve Jobs marcou a história com sua genialidade e provou ao mundo que liderar não é ter um cargo de diretor-executivo na empresa, garantir o título em um cargo, não é apenas ter boas ideias ou ser criativo, mas a soma de todas essas características aliadas à responsabilidade e a muita determinação.

Ser um líder de sucesso é estar pronto para recomeçar, preparado para superar seus limites. E disposto a pagar o preço que muitos não pagam.

MARTIN LUTHER KING JR. - Natural de Atlanta, na Geórgia, um cidadão comum de família simples que viveu em dias cinza e de grandes conflitos.

Teve que aprender logo cedo que sua geração estaria marcada para o resto da vida por diferenças estabelecidas por um sistema que considero doentio e desumano. Desde muito pequeno, já foi sendo preparado a não aceitar ser tratado com indiferença o que o diminuíssem dizendo que ele era menos ou que não era igual aos demais.

Seus pais, Martin Luther e Alberta Williams King, foram os responsáveis por uma educação muito forte e carregada de princípios que o tornaram capaz de superar qualquer tipo de antagonismo criado pela autocracia dos brancos. E isso já lhe foi muito útil na infância, quando se deparou com as primeiras crueldades do sistema segregador, que impunha que nos ônibus os brancos tinham direitos de ocupar os primeiros assentos e os negros ocupavam os últimos, e ainda que não houvesse brancos nesses assentos, os negros não podiam neles se sentar, pois eram de uso exclusivo dos brancos.

Martin Luther King teve que aprender que seu desejo de fazer um simples lanche em uma lanchonete na verdade não era tão simples assim. Estudar em uma boa escola e fazer muitos amigos não seria como ele imaginava em sua cabeça de criança e cheia de sonhos. Ele teve que assistir a crises sociais e econômica e a pobreza como uma realidade que assolava e destruía tudo que era possível ao seu redor. E isso tudo foi de grande relevância para a formação de seu caráter, personalidade e senso de justiça.

Acredito que liderança não é um talento inato, deve-se considerar as experiências já vividas, pois no desenvolvimento de uma vida de liderança, as bagagens, os conhecimentos e as habilidades adquiridas ao longo da estrada são de grande valia.

A maioria dos grandes líderes que nos servem de inspiração tiveram um tempo de estágio, uma espécie de laboratório, e nesse período foram preparados para um futuro de liderança de sucesso. Essa é uma fase que tem como finalidade preparar o indivíduo que anseia por crescimento, que não se conforma com a média, que está determinado em ser um líder de referência, que almeja realizar com sua equipe grandes projetos para sua empresa, comunidade e igreja. Sem o mínimo de vivência, muitas expectativas são frustradas.

Ressalto que sem respeitar sua realidade seu trabalho será muito mais difícil. Sem prévia avaliação do seu estado atual, dos recursos técnicos e humanos disponíveis, sua visão do estado desejado, de onde você quer chegar, não será clara e você não chegará a lugar algum.

Um líder em potencial não pode se furtar de investir em conhecimento. E não me refiro apenas ao conhecimento específico, mas à amplitude do conhecimento, à cosmovisão. Essa foi a compreensão de King quando pensou em ajudar seus contemporâneos a vencer o estado opressor e a política da segregação.

Graças a sua visão em oferecer uma melhor oportunidade aos seus familiares, amigos e irmãos, King começou a liderar sua comunidade com uma palavra de fé, uma política de não violência em suas estratégias, contra o regime de separação de brancos e negros vivenciado naqueles dias. Suas lutas foram diversas, e entre bombas, protestos e cadeias vieram vitórias, como a possibilidade de andar nos ônibus e sentarem-se nos mesmos lugares que antes eram reservados para os brancos. Como já observado, um líder sem visão é como um aventureiro no campo de batalha sem o conhecimento de guerra, sem preparo físico e sem armas adequadas, e será vítima de si mesmo.

Seguindo nessa esteira é inconcebível um líder sem visão de crescimento, conformado com a injustiça e a decadência de sua comunidade por falta de atitude, de alguém que lhe mostre o caminho e aponte para esperança de dias de grandes conquistas. Esta era a maior expectativa de King: abrir a visão dos amigos, dos irmãos e até dos brancos.

Martin Luther King não era um líder de cruzar os braços e permitir que as grandes manifestações contra a segregação fossem uma luta de seus irmãos enquanto assistia aos noticiários da época. Na década de 1960, em pleno movimento estudantil no Sul de Atlanta, Geórgia, todos que estavam naqueles protestos foram detidos, inclusive King, que com seu discurso inflamava o coração dos estudantes a preferirem as grades do que viverem no regime da segregação, afastados dos seus irmãos brancos, não aceitando fiança ou qualquer forma de liberdade que não fosse a condição de igualdade e dignidade de estar em qualquer espaço público sem qualquer distinção de cor ou raça.

Não há possibilidade de viver uma história de sucesso sem antes provar das críticas, das pedradas e dos ataques da oposição; em qualquer tempo na história essa realidade será a mesma. Ser um líder de sucesso é estar disposto a pagar o preço que muitos não pagam. Para King, se o preço da liberdade dos seus irmãos era ser preso e apenado, então assim seria. E você? Que preço pagaria para ser um líder de sucesso?

É inconteste a inspiração que Martin gera no coração de sua geração e continua fomentando em cada um de nós, leitores, de suas muitas histórias, no belíssimo legado deixado para posteridade, para líderes e desbravadores dos ideais, da liberdade, da igualdade e da dignidade.

Uma história como muitas que conhecemos e até vivenciamos, um indivíduo que para muitos já nasceu com um destino traçado e que seria mais uma vítima da exclusão social, da política da indiferença e do sistema segregacionista. E mesmo que essa fosse a realidade de Martin Luther King, conseguimos vislumbrar sua decisão de não ser mais um segregado. Suas atitudes apontam para um homem que estava disposto a escrever uma nova história e para isso teve que liderar sua comunidade.

Na cabeça de um líder visionário tudo é possível, até o impossível está liberado, quando se tem esperança, confiança e fé. É dessa premissa que o jovem King parte para os movimentos de não violência, grandes caminhadas e protestos como nunca havia acontecido. Seu trabalho árduo foi muito importante para todas as cidades por onde ele passou, implantando grupos e associações que defendiam os interesses de toda a comunidade que já estava cansada com o regime opressor da época.

Liderar é apontar a direção para a organização, a comunidade ou a igreja. É estar pronto para abrir mão de tudo, exatamente como aconteceu com King, que muitas vezes teve que se ausentar da família para atender aos interesses dos movimentos em muitos lugares diferentes, saber que sua casa foi alvo de atentados e não poder fazer nada a não ser continuar motivando os cidadãos comuns a se manifestarem em praças públicas, com as mãos vazias, sem levantarem armas além de suas vozes, que entoavam hinos de liberdade.

Esse jovem esperançoso queria muito mais do que status, seu nome em jornais, na televisão ou na boca do povo. Um líder não cresce sozinho, sabe que sua conquista estará marcada pelas mãos daqueles que foram chegando e comungando do mesmo propósito. Não importa quantos títulos possuímos, quanto dinheiro guardamos, mas quanto somos capazes de suportar pelo nosso verdadeiro ideal.

Observar quanto foi feito por intermédio de Martin Luther King, o que ele enfrentou, as muitas prisões, a estocada no peito que por pouco não ceifou sua vida, faz-nos entender a celebre frase *"I have a dream"* (Eu tenho um sonho). Só um verdadeiro líder com um sonho que arde em seu peito está apto a enfrentar os dias sombrios para chegar às grandes conquistas e ser reconhecido como um líder de sucesso. Assistir os resultados colhidos após uma grande batalha e sucessivas reuniões com representantes da comunidade, grupos e associações era o maior pagamento para o líder Martin Luther King.

Uma lição clara que fica para nós é: um líder sem um sonho é apenas um ocupante de um cargo de chefia.

Com a experiência de liderar há um longo tempo compreendo que não bastava ter apenas algumas características de um líder para marcar aquela geração. Fazia-se imperioso a resiliência, a influência, a força e a atitude para que o mundo ouvisse a história de um líder que superou tudo, que viveu com uma mente além do seu tempo, acreditou que era possível viver sem fronteiras e indiferenças raciais entre os homens, e ousou enfrentar o regime da segregação.

Você está pronto para deixar sua marca nas gerações atuais, como alguém que se nega a oferecer menos do que pode para que muitos outros possam alcançar suas metas e sonhos? Que serve de inspiração e paga o preço que alguns não pagam? Siga em frente na certeza de que o dia da colheita chegará. Um líder não vê apenas a semente, ele enxerga a árvore que se tornará. Sua expectativa não se detém na atual circunstância, ela vai além do hoje e do agora.

AIMEE SEMPLE MCPHERSON – A história dessa grande mulher começa em uma fazenda em Ingersoll, Ontário, Canadá. Aimee Kennedy nasceu em 9 de outubro de 1890 e era a única filha do casal James e Minnie Kennedy.

Passou sua infância e adolescência naquele lugar. A menina Aimee teve a oportunidade de frequentar a Igreja Metodista e vivia envolvida nas muitas apresentações teatrais que eram realizadas por aquela comunidade. Tudo parecia muito dentro da normalidade para os que a conheciam.

Ela era uma menina muito eclética, pois se interessava por várias atividades, como cinema, música, romances, bailes e patinação no gelo. E seus interesses não paravam por aí, sua busca pelo conhecimento a levou diretamente para a teoria da evolução, de Darwin, trazendo dúvidas para suas convicções e crenças, passando a duvidar até mesmo de Deus. Assim, ela se afastou dos caminhos do Senhor, vivendo dias difíceis, trazendo uma certa aflição à sua família.

Ao longo desta nossa longa conversa, meu caro leitor, já comentei que um grande líder não nasce pronto, derrubando algumas teorias sobre lideranças. Precisamos nos atentar a esses mitos e conceber que não podemos descartar as pessoas porque elas a princípio não se enquadram no perfil de liderança que desejamos ter no quadro de colaboradores das nossas comunidades e empresas. Assim fazendo, corremos o risco de lançar fora de nossas vidas e de nossas equipes uma joia sem igual, que será, no futuro perto, um marco na história.

Mesmo vivendo muitas incertezas, a adolescente Aimee vai aos pés do Senhor para que sua vida fosse direcionada por Ele. Em uma oração, ela pede que Deus se revele a ela e a tire da sua posição de ceticismo e de insegurança sobre sua palavra e existência.

Deus é bom e nunca nos deixa sem respostas ou caminhar por estradas que não sejam sinalizadas pela Sua infinita misericórdia.

Dessa feita, a resposta que Aimee estava esperando chegou de forma breve. Ao sair com seu pai, ela avistou uma placa em frente a um salão que anunciava um culto pentecostal, ao qual ela e seu pai foram. Profundamente tocada pelo que foi ministrado pelo jovem pregador Robert Semple, ela reconheceu sua natureza pecadora e dependência da graça salvadora de Jesus.

Alguns dias depois, a jovem Aimee ainda estava impactada pelo que havia sentido no culto daquela noite, porém com a convicção de que precisava da salvação em Cristo Jesus. E mais uma vez ela falou com Deus sobre sua vida e novamente sentiu a graça poderosa do Senhor, o que trouxe alívio para sua alma. Então ela tomou a importante decisão de louvar somente ao Senhor, abandonando tudo que não fazia parte do que ela estava vivendo em Deus.

Como muitos de nós, Aimee também precisou compreender que o Senhor a havia chamado para um propósito maior do que ela imaginava. Com a chama ardendo dentro do seu peito, ela começou a despertar para levar outras vidas aos pés do Senhor, e passou a correr em busca do conhecimento de Deus por meio da Bíblia, encontrando o que almejava e descobrindo que não bastava só entregar sua vida ao Senhor, que era necessário ser cheia do poder do Espírito Santo, o que passou a fazer permanentemente.

É importante ressaltar que àquela época era incomum as mulheres se manifestarem com qualquer tipo de fala, muito menos criando movimentos. Aimee estava à frente de sua geração e marcou-a com sua força, sua ousadia e seu brilhantismo no que se propôs a fazer. Para muitos o seu destino já estava determinado, seria igual ao da maioria das meninas daquele lugar. Mas para aquela garotinha, filha única de um casal simples, que entregou seus caminhos e vida ao Senhor, Ele estava preparando algo diferente.

Talvez esse seja um dilema em sua vida. Você não consegue se imaginar fazendo algo extraordinário, criando um movimento que vai marcar sua geração. Este é o momento de refletir sobre o que você tem feito para ser uma líder ou um agente de transformação da sua vida para outras vidas.

Exatamente como acabou de ler, não há liderança de pessoas e vidas se não consegue você liderar a sua própria vida. Aimee descobriu que era possível mudar sua história e alcançar outras vidas por meio da graça e da bondade de Deus. No começo ela ficou tão empolgada que parou de frequentar a escola, preferindo ir às reuniões que eram dirigidas por uma irmã da missão pentecostal. Sua vontade era estar cheia do Espírito Santo para ganhar almas para Jesus. Após orações e muitos dias de busca, a jovem Aimee recebeu o batismo com o Espírito Santos.

A vida de liderança é uma jornada de desafios, lutas e aprendizado diário, e deve ser uma caçada incessante. O líder de sucesso não tem problemas com situações difíceis e é por essa razão que ele se torna líder.

É necessário compreender que não existem líderes de sucesso que não tenham sido provados com desafios e circunstâncias que pareciam verdadeiras missões impossíveis. Com certeza Aimee passou por isso em algum momento em sua história de grandes conquistas.

Aimee seguiu sua vida no caminho com Cristo. E de um determinado ponto em diante, ela passou a ser a Sr.ª Aimee Semple, ao casar-se com Robert Semple, o jovem pregador que ela viu no culto acompanhada de seu pai. Ambos viviam intensamente seus chamados para ministrar a palavra de Deus. Certo dia, Aimee Semple sofreu um acidente que causou uma fratura em um de seus pés. E é nesse contexto e sentindo muitas dores que ela prova o milagre e o sobrenatural de Deus em sua vida, sendo curada após a oração de um reverendo chamado Durham. E foi assim que a Sr.ª Semple percebeu que Deus queria usá-la como instrumento de cura para outras pessoas, e realmente ela viu muitas vidas serem curadas com suas ministrações.

A chamada de um líder, como já mencionei, é uma construção diária e sempre haverá um novo desafio. Cada degrau que subimos é uma nova fase a ser vencida na lida com nossas equipes de trabalhos e liderança. Quando estamos nos sentindo confortáveis e a zona de conforto é nosso melhor lugar, devemos nos lançar em novos desafios ou sentiremos o sabor amargo da mesmice.

E não foi diferente para Aimee Semple. Quando tudo parecia ir muito bem, seu marido entendeu que estavam sendo chamados pelo Senhor para irem à China para servirem como missionários. E assim aconteceu. O casal partiu para a China, e durante sua permanência naquele país ambos foram acometidos pela malária, o que resultou na morte de seu marido, Robert Semple. Aimee não teve outra opção, ela voltou para os Estado Unidos, trazendo consigo sua filha recém-nascida, Roberta.

Aimee tinha o desejo de construir uma família e queria que sua filha pudesse também desfrutar de um lar. Após um período sozinha, Aimee decidiu se casar outra vez. Seu esposo chamava-se Harold Stewart Mcpherson. Ela teve um filho com ele, que recebeu o nome de Rolf Kennedy Mcpherson.

Vivendo muito feliz e cuidando de sua família, ela distanciou--se um pouco de seu chamado, o que incomodou até um pouco a então Aimee Semple Mcpherson. Isso trouxe grandes consequências para sua vida. Ela desenvolveu um estado depressivo, sua saúde foi ficando cada dia mais debilitada, chegando até a realização de cirurgias.

Sua esperança era que Deus pudesse curá-la. Mas a voz que Aimee Mcpherson ouvia dizia: "Você irá? Pregará a Minha palavra?". Mais um grande desafio para essa mulher empoderada, que decidiu vencer todo e qualquer obstáculo levantado diante de si. A verdade é que Deus havia levantado Aimee com um grande propósito e não estava disposto a mudar esses planos.

Quando o Deus de Israel escolhe alguém é uma grande loucura tentar fugir e se esconder de seu chamado. Isto é o que acontece com pessoas que foram separadas para liderar: você tenta fugir desse papel, mas vira e mexe acaba assumindo o encargo de liderar algum departamento, ou um setor na empresa, ou uma comunidade etc. Ou seja, liderar acaba sendo uma parte de sua vida.

Aimee Mcpherson teve que chegar à beira da morte para compreender que o melhor a se fazer era dizer sim, que voltaria a ministrar o evangelho da salvação. E ao dizer sim para o Senhor, sua saúde foi milagrosamente restituída. Então ela voltou para as suas ministrações, assumindo definitivamente seu chamado, realizando inúmeras campanhas na América e em outras partes do mundo.

Com o tempo, o Sr. Harold Mcpherson resolveu viver sua vida de negócios, deixando sua esposa sozinha em sua caminhada. Entretanto isso não desanimou a missionária, que se prepara para realizar uma grande campanha evangelística no Canadá. Em 1915, na cidade de Mount Forest, em um pequeno salão, Aimee Semple Mcpherson realizou o culto tão esperado, não havendo muitos participantes nas duas primeiras noites. Mas isso só a motivou a usar uma estratégia que mudaria totalmente o culto seguinte e a história de tantas pessoas.

Um líder de sucesso deve estar preparado para se adaptar a qualquer circunstância, ser criativo e desenvolver novos métodos que sejam eficientes no desdobramento de sua atividade e eventos, como aconteceu na cruzada evangelística de Aimee.

Antes do culto da terceira noite, essa mulher brilhante pegou uma cadeira e dirigiu-se para uma esquina não muito distante do salão onde acontecia sua campanha. Ela subiu na cadeira e fechou os olhos erguendo os braços em ato de oração. Ao notar barulho de pessoas em sua volta, ela abriu os olhos e viu que havia um bom número de pessoas a sua volta, curiosas com sua atitude. Então ela desceu da cadeira e saiu correndo, levando a cadeira e gritando "Venham comigo". Curiosas, as pessoas correram atrás da missionária.

Ao entrar no salão, Aimee pediu ao seu diácono que fechasse as portas e não permitisse que ninguém saísse. Mas não havia necessidade, pois todos ficaram e não saíram até que ela terminasse a ministração daquela noite. Nos cultos seguintes o local ficou pequeno para tantas pessoas presentes. E mais uma vez a missionária Aimee resolveu o problema, realizando o culto fora do salão, em uma área gramada, para que todos pudessem participar. Muitas vidas foram alcançadas por Jesus naquele lugar.

Quando encontramos o propósito de nossas vidas nada será intransponível. Como líder de excelência devemos sempre em constante aperfeiçoamento e estabelecendo novas metas a serem conquistadas, certos de que isso é o que nos faz levantar todos os dias para mais uma jornada de trabalho. Melhor do que sermos motivados e uma inspiração para nós mesmos, é motivarmos e inspirarmos outras pessoas que estão vivendo dias difíceis, pensando em desistir de seus chamados e crescimento como líderes inspiradores.

Sendo assim, não posso deixar você, meu caríssimo leitor, parar com suas buscas e seu desenvolvimento. Compreendo perfeitamente que às vezes parece que tudo que foi realizado não valeu a pena. Isso é efeito do seu cansaço do tempo de lutas e planos para que seus projetos deem certo. Meu conselho é: descanse e depois retome sua liderança, mas parar não é uma opção! Um líder de sucesso está disposto a pagar o preço que muitos não pagam.

Com o crescimento dos cultos, Aimee recebeu uma oferta a ser considerada, e foi até uma cidade vizinha para comprar uma tenda de lona. O que a missionária não previa era que o vendedor fosse trapaceiro e lhe venderia uma tenda com a lona rasgada e cheia de mofo, o que ela só descobriu na hora da montagem. Isso poderia desanimar um líder sem qualquer expectativa, sem visão de seu destino, mas não a missionária Aimee Semple Mcpherson, que tomou a decisão de consertar os estragos e ao montá-la batizou-a de "Catedral de lona".

O culto foi ali iniciado, em determinado momento do culto um vento muito forte começou a bater contra a tenda, fazendo com que rasgasse novamente. Pela fé, a missionária determinou que a tenda se mantivesse em pé até o final do culto, e assim aconteceu.

No dia seguinte, Aimee Mcpherson e mais algumas senhoras começaram a remendar toda a tenda, um serviço exaustivo para todas. Após esse trabalho, a missionária pensou em tirar o resto do dia para descansar e repor suas energias, porém, ao se posicionar para orar, Deus falou profundamente em seu coração, entregando-lhe uma palavra animadora. Compreendendo o que Jesus estava falando, ela voltou para tenda com suas forças totalmente renovadas, e ela ministrou uma palavra cheia de poder e unção, levando alguns fazendeiros aos pés do Senhor Jesus como seu único salvador. Depois desse dia, cansaço nunca mais foi uma barreira para ministrar a palavra de Deus para a evangelista Aimee.

Muitas campanhas foram realizadas entre 1915 e 1918, levando muitas almas aos pés de Cristo Jesus. Nesse período, o ministério da cura divina foi estabelecido na vida de Aimee e milagres aconteciam diante das grandes massas que assistiam aos cultos por onde a missionária passava.

É importante ressaltar que muitos eram alvos do poder sobrenatural do Senhor por intermédio da vida de Aimee. Ela mesma passou por curas incríveis e inexplicáveis.

Certo dia, Aimee iria ministrar em um determinado salão, porém era um espaço com pouca iluminação. Na esperança de ajudar, conseguiram um candeeiro com querosene, mas ao acendê-lo, ele explodiu, queimando gravemente o rosto da evangelista. No meio do povo havia um homem incrédulo, que ao testemunhar o ocorrido começou a espalhar que não seria possível a realização do culto naquela noite, pelo fato de a "evangelista e pregadora da cura divina" estar ferida e impossibilitada de realizá-lo.

Aimee, tomando conhecimento do que esse homem estava dizendo, imediatamente colocou-se em pé e iniciou a reunião com um momento de adoração e louvor, mesmo com dificuldades em razão das queimaduras. No meio desse momento, quando a evangelista levantou as mãos para os céus em adoração, instantaneamente as feridas começaram a desaparecer diante dos olhos de todos que ali estavam, para a glória do Senhor.

A vida de um líder certamente é um celeiro de milagres. Não haverá um dia em sua vida em Cristo e como líder que você e eu não desfrutaremos de um milagre.

Como líderes seremos procurados por sermos uma referência de fé, de coragem e de sabedoria. Muitos nos verão como uma âncora em suas vidas e nossas palavras farão a diferença em muitas caminhadas. E não raras vezes, buscarão em nós o remédio para cura de suas dores, como aconteceu na vida de Aimee Semple Mcpherson.

Ela, de fato, é uma inspiração para muitas pessoas, inclusive para os homens, e não apenas para as mulheres. Sua determinação de expandir o reino com a pregação do evangelho de Cristo foi e ainda é algo fortalecedor para os que almejam o episcopado.

A missionária Aimee teve grandes conquistas, e uma delas foi lançar uma revista em junho de 1917, chamada *Bridal Call*, na qual publicava sermões, poesias, artigos e muitos testemunhos de milagres por onde ela passava. Ainda hoje a revista é publicada, com notícias do mundo inteiro a respeito da Igreja do Evangelho Quadrangular. Dentro do seu propósito, a evangelista conseguiu fazer viagens transcontinentais, com seu carro, no ano de 1918, acompanhada de seus filhos, de sua mãe e de sua secretária.

Por onde Aimee passava sempre havia curas, milagres e muitas lutas, como epidemia de gripes, eventos naturais e outros. Ao invés de desanimá-la, isso era o combustível para que a evangelista continuasse seu trabalho missionário. Ela lotava ginásios, auditórios e multidões eram alcançadas, e as cidades eram invadidas pela presença do Espírito de Deus.

Seu ministério internacional teve seu início em 1922, na Austrália, estendendo-se a várias nações. E nessa correria de campanhas, Aimee ministra uma palavra revelada por Deus que mudaria sua história e daria uma nova direção para seu ministério.

Aimee Semple Mcpherson estava na cidade de Oakland, na Califórnia. Ali estava ministrando como de praxe, com cerca de oito mil pessoas, e o texto usado para meditação foi o de Ezequiel 1. 1-28, em que o profeta tem a visão de um ser de quatro rostos - um semelhante ao homem, e os outros de um leão, uma águia e um boi. Essa revelação do livro de profeta Ezequiel trouxe êxtase para a evangelista, que conseguiu entender a visão dele, fundindo-se com os ensinamentos e a manifestação de Jesus nos quatro evangelhos.

Então, a missionária deu-se conta de que o Senhor estava comissionando-a algo muito maior do que a realização de campanhas evangelísticas. Em 1922, a missionária recebeu a "mensagem quadrangular" e nesse ano, com cerca de cinco mil dólares, ela adquiriu uma propriedade na cidade de Los Angeles, onde construiu a sede internacional da Igreja do Evangelho Quadrangular, o famoso Angelus Temple (O Templo dos Anjos), consagrado no primeiro dia de janeiro de 1923.

Que sentimento de orgulho é possível sentir neste momento, em que estou pesquisando e redigindo os acontecimentos na vida dessa fantástica missionária. Sua trajetória não foi fácil, foram grandes obstáculos, que para muitos era impossível de transpor. Certamente, o maior deles era fato de ser uma mulher à frente de tudo. Porém, para um líder de sucesso, as manifestações contrárias só servem de termômetro para saber se está caminhando na direção certa.

Muitas vezes, líderes de sucesso fazem grandes trabalhos no anonimato, e isso só os torna maiores. Quando pagamos o preço que muitos não pagam os resultados falam por si mesmo. Louvo ao Senhor pela vida da missionária Aimee Semple Mcpherson e peço a Ele que levante mais mulheres líderes, com a coragem de enfrentarem o caos para ministrarem o evangelho pleno, levando outras mulheres ao topo da liderança em suas comunidades, departamentos e empresas.

E Aimee não para com a inauguração do Templo dos Anjos. Seu desejo de ver pessoas libertas em Cristo mistura-se com a vontade de preparar mais pessoas para servir no reino de Deus com o evangelismo, com a ministração da palavra e a abertura de novas congregações. Surge em seu coração a necessidade de um Instituto de Treinamento Evangelístico e Missionário, fundado em 1923, logo depois da inauguração de Templo Angelus.

Notadamente, nada poderia parar essa mulher a não ser o próprio Deus. Porém, enquanto isso não acontecia, ela continuava, e começou a fazer divulgações dos cultos por meio das emissoras de rádios locais, com o fim de alcançar quantas vidas fosse possível. E, é claro, isso não era o bastante para a incansável Aimee.

Ao se deparar com o conhecimento que não havia nenhuma rádio evangélica em todos os Estados Unidos, nasceu em seu íntimo, a possibilidade de a igreja ter sua própria rádio e, assim, transmitir ao vivo suas reuniões. Em 1924, esse sonho tornou-se realidade com a inauguração da rádio KFSG, a primeira a pertencer a uma igreja.

Aimee Semple Mcpherson teve uma vida dedicada à obra do Senhor Deus. Ministrou com toda sua força, e quando não a tinha, clamava ao Senhor que a renovasse, assim como a sua coragem, para que o crescimento do reino não fosse prejudicado. Ela desbravou horizontes com muita propriedade e teve inúmeras realizações e conquistas: compôs mais de cem hinos, inclusive o Hino Oficial da Igreja do Evangelho Quadrangular; organizou a declaração de fé, constando todas as doutrinas que regem a fé dos que fazem parte da IEQ; compôs óperas e desenvolveu outras obras.

A grande missionária deixou um legado invejável para todos nós que sonhamos um dia liderar com excelência. Sua dedicação incansável refletia em sua saúde, e mesmo assim ela continuou ministrando a palavra do evangelho vivo. Sua paixão era indizível e como testemunho disso, mesmo estando muito debilitada, Aimee fez seu último sermão no auditório em Oakland, no dia 26 de setembro de 1944, na cidade onde recebera a mensagem do evangelho quadrangular. E no dia seguinte dia 27 de setembro de 1944, Aimee foi encontrada pelo seu filho Rolf, deitada em sua cama, já sem vida.

Que história inspiradora! Seu ministério terminou com sua partida, mas sua obra e seu legado continuarão se renovando por meio da vida de cada um que abraçar a causa de Cristo, como fez a missionária Aimee Semple Mcpherson. E certos disso, encontramos frutos de seus trabalhos chegando do outro lado das fronteiras, expandindo o reino de Deus, com autoridade e muita unção.

O missionário Harold Edwin Willians, após frequentar o Angelus Temple e se formar na escola Hollywood High School, e também frequentar o Life Bible Colle, concluindo-o em 1942, tornou-se pastor, líder na Igreja do Evangelho Quadrangular, e pouco tempo depois sentiu-se chamado para uma vida missionária.

Ele passou por algumas dificuldades como líder, e nesse período conheceu o pastor Jesus Hermínio Vasquez Ramos. Após algum tempo juntos e vivenciando o conhecimento de Cristo, ministraram o evangelho em alguns estados brasileiros, por volta de 1946. Harold Willians foi nomeado pastor no Brasil, seguindo para a cidade de São João da Boa Vista, interior de São Paulo, onde fundou a Igreja do Evangelho Quadrangular em 1950, uma vida missionária cheia de grandes batalhas e a recompensada de muitas vitórias.

Liderar é estar disposto a viver o sucesso ou o fracasso, é enfrentar as lutas de frente sem medo, correr para o alvo, mesmo que isso implique em abrir mão da sua própria comodidade ou vida. É a certeza de que pagará o preço que muitos não pagam.

Você, a esta altura, já decidiu que vai liderar. Você já está pronto para seguir adiante? Não nos faltam exemplos de homens e mulheres que tomaram essa decisão e viveram de formar extraordinária os seus propósitos.

Sei que você vai se levantar de onde está neste momento com uma nova visão de tudo aquilo que já viveu e será um líder aguerrido, comprometido com a visão de crescimento e conquista de sua comunidade, de seu departamento, empresa ou equipe de trabalho.

Aimee Semple Mcpherson não imaginava o que poderia construir com sua vida missionária, porém ela se permitiu viver o extraordinário dentro da liderança, conduzindo vidas à eternidade, à libertação e à cura. E quantas dessas vidas viviam sem esperança e coragem para mudarem suas histórias de derrotas? Com certeza, um bom líder, com excelente treinamento e preparo, pode direcionar vidas, abrindo suas mentes e visão para algo muito maior, nunca imaginado, reservado para dias não muito distantes.

A visão de um líder obstinado pode causar impactos sem precedentes e a história da humanidade está cheia desses exemplos. Mas por hora me atenho à vida e à visão da evangelista Aimee Mcpherson, que por sua sensibilidade em ouvir a voz de Deus, sua bravura e sua resiliência, fez com que o Brasil também fosse agraciado com as Boas Novas por intermédio da Igreja do Evangelho Quadrangular. E por cumprir fielmente seu chamado, muitos homens e mulheres se renderam a Jesus neste país e seguiram seus chamados.

Com eterna gratidão a essa líder e mulher de fé, a região norte do Brasil foi bem-aventurada com o evangelho, por intermédio de um dos maiores líderes que o estado do Pará tem na Igreja do Evangelho Quadrangular. O pastor Reverendo Josué Bengtson, presidente e fundador da igreja nesse estado.

Vindo do interior de São Paulo, onde aceitou a Jesus como seu salvador aos 16 anos de idade, logo entendeu que sua vida seria norteada pela missão de pregar o evangelho, abrindo muitos trabalhos e muitas obras em vários estados no Brasil. Em 15 de outubro de 1973, chegou à cidade de Belém, no estado do Pará. Aproximadamente trinta dias depois já estava realizando o primeiro culto, com a presença de cerca de duzentas pessoas, e muitas vidas foram tocadas pela palavra do evangelho de Cristo.

Em meados de 1974, aconteceu a inauguração do "Pavilhão da Benção", e quase cinquenta anos depois da primeira inauguração da Igreja do Evangelho Quadrangular, a sua liderança é respeitada pela ousadia, pela visão de crescimento e pelo desejo de continuar ampliando o reino do Senhor nosso Deus por todo o estado do Pará.

Fiz questão de mencionar como o evangelho de Cristo chegou ao Brasil, com o chamado e o ministério de Harold Willians, e em especial no estado do Pará, com a vinda do nosso líder, o Reverendo Josué Bengtson, somente para apontar a importância de um líder de visão e comprometido com o seu propósito de vida. E de como valeu a pena o período em que a evangelista Aimee Semple Mcpherson entregou-se totalmente `s obra missionária, cunhando toda a história de sua geração e deixando um legado para a posteridade.

Aimee Mcpherson certamente foi e sempre será uma líder de sucesso, que revolucionou a sociedade da sua época quando ousou ser um instrumento de Deus para sua geração.

Sua valentia e sua coragem estão refletidas na vida de todos aqueles que da mesma forma acreditaram que foram separados para liderarem em sua geração, levando pessoas ao conhecimento da verdade de Cristo, vislumbrando uma jornada de muita labuta, conscientes da decisão de serem líderes de sucesso e, consequentemente, pagarem o preço que muitos não pagam.

O sol não se porá sobre
a Bandeira Quadrangular.

(Aimee Semple Mcpherson)

JESUS DE NAZARÉ - O evangelho segundo escreveu João 1:14 declara: "E o Verbo se fez carne, e habitou entre nós, e vimos a sua glória, como a glória do unigênito do Pai, cheio de graça e de verdade". Nascido em Belém da Judeia, seus pais saíram de Nazaré por motivo censitário quando se deu o seu nascimento.

Sua infância é pouco mencionada nas Escrituras Sagradas. Fala-se apenas das participações nas práticas judaicas, como na festa da Páscoa no templo, conforme aduz o texto do evangelho de Lucas 2:42-45: "Todos os anos os pais de Jesus iam a Jerusalém para a festa da Páscoa. Quando ele atingiu a idade de doze anos, a família foi à festa, como era hábito. Terminada a comemoração, tomaram o caminho de volta para Nazaré, mas Jesus ficou para trás em Jerusalém. No primeiro dia os pais não deram pela sua falta, porque julgavam que estivesse com amigos ou entre os outros viajantes. Mas quando não apareceu naquela noite, começaram a procurá-lo entre os parentes e amigos. Não o encontrando, voltaram a Jerusalém, a procurá-lo".

Sobre a sua infância, é mencionado também que ao completar oito dias de nascido foi circuncidado, como preleciona o evangelho Lc 2:21. Ao que tudo indica, sua vida era muito simples junto aos seus pais, José, o carpinteiro e Maria, a jovem que achou graça diante de Deus para ser a mãe do unigênito do Pai.

Compartilho com o preclaro leitor que ao pensar em liderança de sucesso parece-me inevitável mencionar a história que conhecemos do homem que mudou o mundo com seus ensinamentos sobre simplicidade, humildade, bondade, amor e liderança. Sim, é isso mesmo, liderança!

Semelhante aos grandes nomes do universo da liderança, que nasceram em cidades pequenas, eram pessoas comuns e aparentemente improváveis, como Steve Jobs e Wolfgang Sauer, Jesus é uma referência para os que sonham em destacarem-se como líderes de sucesso e os que simplesmente são amantes de leituras e pesquisas sobre a temática.

O Mestre tinha certeza de seu chamado

O ser humano Jesus sabia de seu chamado, da missão de resgatar os perdidos e os doentes pela decadência em pecados. Porém, enquanto isso não acontecia, Ele se preparava todos os dias, por meio do desenvolvimento de conhecimento e da graça. E quando pensamos em graça, o sentido nesse contexto é compreendido entre os homens, ou seja, as pessoas o viam como um homem de bem, de respeito e de família. Entretanto liderar não é só isso. Ser bem-visto pela sua comunidade, organização e igreja é apenas um dos pilares para uma futura liderança de sucesso.

Apesar de sua realidade econômica e social, Jesus tinha uma das características importantes para ser um líder de sucesso e uma inspiração para novos candidatos à liderança. Ele acreditava que era possível conduzir homens e mulheres para o caminho da salvação, bem como prepará-los para levar seus ensinamentos a todas as nações e a todos os povos.

O Mestre confiava em si mesmo, reconhecia em sua pessoa talentos e habilidades capazes de influenciar aquela geração e as futuras, para uma vida totalmente transformada. Nele havia a convicção de quem Ele era e a razão de sua existência. Por isso Jesus estava sempre ocupado com o que era próprio de sua missão. Ele tinha uma tarefa específica e apesar de ter autoridade para fazer qualquer coisa, preferiu manter-se equilibrado e fiel ao seu propósito.

A maior dificuldade para ser um líder de sucesso é fato de o indivíduo confiar em seu potencial. A maioria dos candidatos a um cargo de liderança oscila em confiar em seus próprios talentos e habilidades para exercer a atividade de liderar a empresa, a comunidade, a igreja ou qualquer departamento.

Muitas vezes me achei assim, sem condições de assumir a liderança de qualquer departamento. Precisei passar por alguns treinamentos para compreender que era possível, que eu tinha as características para aquele cargo. Não foi simples nem fácil superar as muitas falas negativas em relação à minha postura quanto líder, mas paulatinamente fui crescendo e conquistando meu espaço. Com muito esforço, estudo e muita humildade amadureci, fazendo das críticas uma escada para o desenvolvimento de uma liderança forte, levando pessoas a perceberem seu potencial para liderarem suas comunidades.

Encontrei muitos líderes com potencial que também não acreditavam em seus talentos. Pelo fato de nunca terem exercido nenhum cargo de liderança ou trabalhado na gestão de pessoas, liderando departamentos com a responsabilidade de organizarem e apresentarem os resultados determinados. Indivíduos com problemas sérios na autoconfiança, na autoestima e na coragem para se libertar da vida medíocre que vinham vivendo há muito tempo, mesmo ouvindo que tinham talentos que precisavam desenvolver.

Ora, Jesus também encontrou homens e mulheres que não confiavam em si mesmos e que a sociedade havia excluído do seu convívio, lançando-os na sarjeta e no descrédito. Como está sua confiança acerca de seu chamado?

O Mestre tinha uma agenda

É relevante refletir que muitos deixam de assumir uma posição de líder por não conseguirem focar em sua prioridade. Eles estão cheios de energia, de força e talentos, porém sem direção caíram em uma espécie de sonambulismo, ou seja, movimentam-se, andam de um lado para outro, fazem as coisas, mas sem consciência do que estão fazendo. E isso é mais comum do que se pode imaginar. Milhares de pessoas gastam energia sem qualquer objetividade.

Qual é o seu maior objetivo na vida? Quanto tempo de sua vida você investe em seus talentos? Quanto de sua energia você gasta de forma direcionada?

Meditando nas histórias de Jesus é possível perceber que ele estava sempre muito bem direcionado. Gosto de pensar que Jesus tinha uma agenda para o seu tempo na Terra e que todos os seus momentos foram devidamente programados e agendados. Seguindo nessa esteira, vejamos o que fala o evangelho segundo Mt 9:27-30: "E, partindo Jesus dali, seguiram-no dois cegos, clamando e dizendo: Tem compaixão de nós, filho de Davi. E, quando chegou à casa, os cegos se aproximaram dele; e Jesus disse-lhes: Credes vós que eu possa fazer isto? Disseram-lhe eles: Sim, Senhor. Tocou então os olhos deles, dizendo: Seja-vos feito segundo a vossa fé. E os olhos se lhes abriram. E Jesus ameaçou-os, dizendo: Olhai que ninguém o saiba".

É inteligível a atitude do Mestre em pedir segredo aos cegos, quando Ele tem um tempo específico para realizar sua missão de resgatar o homem do mundo de pecado. E mesmo sabendo que existem outras teorias teológicas que motivaram o pedido de sigilo de Jesus aos cegos, opto pelo entendimento de que para ter êxito em sua tarefa e que tudo aconteceria no seu devido tempo era necessário a prudência em alguns milagres. Como anda sua agenda?

Como líder, Jesus teve muitas dificuldades, que são comuns na vida diária de um líder. Das necessidades mais simples às mais complexas, todas elas foram vencidas pelo Mestre. Neste momento temos que refletir que Jesus era um homem, portanto passivo de todos os sentimentos e frustrações, tais quais temos em nossas vidas, tendo que superar cada obstáculo que se apresentava por onde ele passava em suas caminhadas, sem perder a visão e o propósito de sua vinda a este mundo.

O Mestre apresenta as características de um líder de sucesso em seus ensinamentos práticos. Sua vida é um exemplo de que o improvável pode ser um líder de excelência, pois muitos não criam que ele era o filho de Deus e deveria liderar homens para a pregação das boas novas. E um pouco mais de dois mil anos passados, temos um resultado incrível do crescimento de seguidores, discípulos, cristãos e líderes espalhados no mundo inteiro.

A força de um homem com propósito e uma visão determinada faz a diferença nas tomadas de decisões e proporciona a segurança e a confiança dos seus liderados e colaboradores. E é possível extrair essas características de Jesus.

O Mestre não liderou sozinho

Jesus compreendia que ninguém lidera sozinho e para isso escolheu homens que pudesse treinar e responsabilizar pela continuidade de seu trabalho, como é possível observar no evangelho de Lc 6:12-13: "E aconteceu que naqueles dias subiu ao monte a orar, e passou a noite em oração a Deus. E, quando já era dia, chamou a si os seus discípulos, e escolheu doze deles, a quem também deu o nome de apóstolos: [...]".

Com certeza não foi fácil fazer essa escolha, mas como líder o Mestre precisava agir, ter atitude. Fico imaginando Jesus olhando para aqueles homens, cada um com suas características particulares, cheios de imperfeições, como todos nós. Jesus abriu mão de julgamentos, que é uma forma de não se valer das informações previamente sabidas de um indivíduo, ou seja, não "julgar o livro pela capa". Essa é uma ferramenta prática e muito importante na vida dos que buscam liderar, pois a partir do momento em que o líder se permite ficar com a primeira impressão do indivíduo, é muito difícil influenciá-lo para liderar. Você está liderando sozinho ou já tem uma equipe?

Escrever sobre liderança e não observar os ensinamentos do Mestre Jesus é um erro crasso. Ele é a maior fonte de pesquisa e inspiração desde os tempos antigos e ainda é o paradigma a ser seguido, em especial na tônica de liderança, que é nosso objeto em questão.

O Mestre enxergava o propósito dele

O Mestre carrega em si todos os atributos de um líder de sucesso. Isso quer dizer que ele é o líder perfeito. Aprendemos examinando os escritos sagrados a metodologia que ele usava para tratar com sua equipe e com todos aqueles que se aproximavam dele. Como líder, Jesus mantinha o seu foco em tudo que precisava realizar naqueles dias. Como exemplo temos muitos casos registrados de que o Mestre estava sempre dentro do cenário em que havia um pedido de socorro.

Isso é observado em Jo 4, que fala da mulher samaritana e como ela necessitava daquele encontro para uma vida de transformação. Nesse mesmo contexto temos Lc 19, que fala da história do famoso publicano chamado Zaqueu, homem rico, mas que não tinha paz em si, pelos maus feitos realizados contra seus contemporâneos - e porque não dizer contra si mesmo -, uma vez que isso o deixaria mal, em razão das fraudes que praticava contra o seu povo, deixando-o longe da graça de Deus e do melhor convívio com os seus.

Como Jesus, temos que ser líderes focados em nosso propósito de ganhar almas para o reino e erguer líderes capazes de revolucionar nossa geração, que precisa tanto de homens que estejam prontos para agir em favor de uma nova mentalidade, dentro da comunidade, da empresa, da igreja, de departamentos etc.; em favor de uma renovação no processo de formação de líderes, de equipes e colaboradores com uma visão e fome de liderarem extraordinariamente.

É comum encontrarmos notícias de homens que começaram um bom trabalho de liderança, que influenciaram muitas pessoas e até formaram outros líderes, porém se deixaram levar pelas ofertas de "negócios", terminaram dispersando-se da visão e perderam o foco do seu verdadeiro desígnio.

Qual é a sua verdadeira motivação e seu verdadeiro propósito? O que você está buscando na liderança? É hora de avaliar se você não está sendo envolvido pelas distrações que o mundo oferece.

O Mestre tinha um plano

Outrossim, o leitor deve observar que o homem não está imune a cometer falhas ao longo de sua jornada, independentemente de seu preparo, visão, foco e até mesmo seu treinador, mentor e líder. Tal como consta no evangelho segundo Mt 26. 14, na narrativa de que Judas procurou os príncipes dos sacerdotes para negociar a entrega de Jesus às autoridades e aos anciãos do povo, ainda que, como todos os discípulos, Judas tivesse os melhores ensinamentos e conselhos e o melhor mestre e líder. No entanto seu foco deixou de ser o reino, as coisas eternas, corrompendo-se com os "negócios" e as distrações deste mundo.

O final de Judas não foi como Jesus planejou para ele, porque somos responsáveis pelos nossos resultados e pelas nossas escolhas. Assim, compreenda que liderar é ter em mãos um planejamento para o crescimento da empresa, das equipes, bem como de todos que comungam da mesma visão, porém não quer dizer que todos seguirão o projeto estabelecido, obtendo resultados diversos daqueles pretendido pelo líder.

O líder deve saber de seu compromisso, buscar atender todos que fazem parte de sua equipe, e tratar com igualdade, urbanidade e cortesia todos que estão ao seu redor. Não esqueçamos que o nosso modelo é o Mestre, e em seus ensinamentos não há espaço para indiferenças.

Então pergunto: qual o seu plano? Você está certo de que foi levantado para levar outros ao sucesso na liderança? Algo que foi crucial no trabalho de Jesus é exatamente o fato de ele saber o que deveria fazer, conhecer a essência de sua existência. Em Jo 14.6 temos: "Respondeu-lhe Jesus: Eu sou o caminho, e a verdade, e a vida; ninguém vem ao Pai, senão por mim". Saber quem é você vai nortear toda sua trajetória. Em outra passagem o Mestre diz: "Eu sou o bom Pastor; o bom Pastor dá a sua vida pelas ovelhas" (Jo 10:11). Essa convicção precisa existir no coração do líder. Muitas coisas deixam de ser feitas por falta de pessoas que confiem em si mesmas. É hora de confiar mais, realizar mais, arriscar mais e liderar uma geração que procura e clama por um líder que está pronto para pagar o preço que for necessário para levar uma nação de líderes ao sucesso.

E aí? Você acredita que é possível liderar? Você já tem um planejamento de liderança em mãos? Não se permita depender dos elogios ou dos desabonos de ninguém. Mantenha o curso de sua jornada, o equilíbrio de suas âncoras internas, não entre no jogo e embaraços do mundo externo.

É muito comum encontrarmos pessoas que não têm mais ânimo para qualquer negócio, pois perderam suas identidades em meio aos desafios e conflitos surgidos na tentativa de se estabelecerem como líderes de referência.

O Mestre não se permitiu envolver-se com os negócios do mundo

O Mestre passou por muitas aflições, entretanto a nenhuma delas rendeu-se visto estar clara sua responsabilidade. Isto é, Ele não perdia tempo com os interesses dos homens, como está escrito em Lc 12:13-14: "E disse-lhe um da multidão: Mestre, dize a meu irmão que reparta comigo a herança. Mas ele lhe disse: Homem, quem me pôs a mim por juiz ou repartidor entre vós?". Ele ensina aos seus seguidores a não gastarem energias com coisas e pessoas impertinentes. Isso quer dizer simplesmente não se envolver com assuntos estranhos ao seu objetivo.

Ser líder exige vigor, muito desempenho, porque haverá dias exaustivos e a demanda será maior do que a oferta. E são nesses dias que compreendemos o que Ele já nos alertava no texto de Mt 9:37: "Então, disse aos seus discípulos: A seara é realmente grande, mas poucos os ceifeiros". O que está explícito é que já passou da hora de fazer só o que você gosta e o que te dá prazer. Pessoas que passaram um tempo de suas vidas fazendo só o que gostavam, terminaram suas vidas fazendo o que não gostavam. Você está realizando as atividades que precisam ser cumpridas? Está terceirizando suas competências? Liderar é estar apto para enfrentar os desafios que surgirem na certeza de que se assumiu a liderança não para se dobrar diante dos achismos dos outros, desviando-se do seu principal foco, que é apresentar o seu melhor e levar os liderados ao nível de excelência e alta performance em tudo que se faz.

Lamentavelmente, existem líderes que estão sucumbindo em seu chamado porque entraram no jogo de agradar pessoas, ser quisto pela maioria, e deixaram de lado as tarefas difíceis, vivenciando uma liderança medíocre. Jesus foi um líder por excelência porque nunca teve medo de ser cancelado pela opinião pública ou daqueles que mais de perto o acompanhavam.

Quanto você está disposto a pagar para ser um líder de sucesso? A visão clara do que você está buscando é fundamental, acrescida da força, atitude, coragem e muita gratidão. Um líder que não sabe agradecer dificilmente será bem-sucedido em suas alianças imprescindíveis na arte de liderar. Assim, nada mais justo em ser grato pelas muitas vezes que Deus e a sua equipe o atendeu e desenvolveu um trabalho mais célere e assertivo.

O Mestre viveu uma vida de gratidão

Seguindo esse princípio, o Evangelho segundo Jo 11:41-42 expressa: "Tiraram, pois, a pedra de onde o defunto jazia. E Jesus, levantando os olhos para cima, disse: Pai, graças te dou, por me haveres ouvido. Eu bem sei que sempre me ouves, mas eu disse isto por causa da multidão que está em redor, para que creiam que tu me enviaste". Ora aquele que era o Mestre, sempre agradecia não apenas a Deus por atender suas petições, mas àqueles que o seguiam e realizavam tudo o que ele determinava. Ele foi grato, como não seguir seu exemplo? Você já agradeceu a Deus pela vida e à sua equipe pelo brilhante trabalho de todos os dias?

Jesus tem uma característica como líder que precisamos modelar para as nossas vidas. Ele compreendia que estava de passagem pelo mundo físico e material, por isso não estava preocupado com o domínio das coisas, mesmo sabendo que poderia reivindicar seus direitos, acima dos céus ou embaixo na Terra como filho do criador de todo o Universo. Porém, ele decidiu viver como mordomo desses bens. E sob essa ótica ele preparou uma equipe que dispensa comentários. Vivemos o que vivemos agora por causa desses homens, que receberam do Mestre um treinamento capaz de superar qualquer barreira, inclusive a do tempo. Quem sabe você não precise mudar a forma como enxerga a vida e tudo que gira em torno dela?

Seja o líder da equipe e não o dono da equipe. Sugira a mudança e não mande, peça. Ainda que esse poder exista em suas atribuições, sirva seus liderados como um humilde mordomo. Viva com responsabilidade e compromisso a função que exerce. Essa foi uma das maiores lições deixadas pelo maior líder que a Terra já viu. Aprenda todos os dias a ser grato, mesmo que seja pelas mínimas vitórias, pelos seus planos que não fluíram como você imaginava. Estamos apenas peregrinando nesta terra e logo seremos só lembranças. Então que lembrem que sempre fomos gratos pelas boas oportunidades que a vida nos concedeu.

O Mestre não se posicionava como acusador

O Mestre é a nossa bússola. Observe em seus ensinamentos que Ele está preocupado com a vida que a sociedade daquele tempo estava vivendo e que sua função era mostrar um novo e vivo caminho a ser seguido. É por essa razão que não encontramos Jesus discursando, reunindo-se com o sinédrio e as autoridades da época com o objetivo de julgar qualquer indivíduo. Sua liderança estava focada 100% em preparar grandes líderes para assumirem a missão de prospectar seus ensinamentos, formando por todo mundo líderes obstinados pelo crescimento e pelo sucesso de novos líderes.

Pare de perder seu tempo com coisas que não te levarão ao seu crescimento. Dedique-se ao maior objetivo de sua vida, que é formar uma liderança de alta performance. Quanto tempo de sua vida você para a observar a vida dos outros? O amigo tem gasto suas energias com julgamentos que não o levarão a lugar algum? Seu maior questionamento deve ser: o que eu posso fazer para levar pessoas ao crescimento e sucesso?

O Mestre demonstrou seus sentimentos

Liderar é estar pronto para pagar o preço que muitos não pagam para ser um líder de sucesso e uma referência. É saber que em muitas oportunidades correrá riscos em delegar certas demandas para um liderado ou até mesmo para a equipe. Isso aconteceu com Jesus quando enviou seus seguidores, como consta em Lc 10:1-2: "Depois disto, o Senhor escolheu outros setenta e dois discípulos e enviou-os à sua frente, dois a dois, a todas as localidades, vilas e aldeias que tencionava visitar mais tarde. Foram estas as instruções que lhes deu: A seara é vasta e os trabalhadores são poucos. Roguem ao Senhor da seara que envie trabalhadores para ela".

Imagine o sentimento do Mestre ao enviar seus liderados para um verdadeiro estágio, longe de seus olhos. Este é o ponto exato para uma reflexão: quantas vezes você expressou seus sentimentos aos seus liderados? Importa entender que o fato de você estar em uma posição de chefia não lhe torna imune aos sentimentos, o mais durão dos seres humanos. É possível atestar os sentimentos do Mestre no dia em que foi visitar um amigo que estivera doente e faleceu, como consta em Jo 11:33-35: "Jesus pois, quando a viu chorar, e também chorando os judeus que com ela vinham, moveu-se muito em espírito, e perturbou-se. E disse: Onde o pusestes? Disseram-lhe: Senhor, vem, e vê. Jesus chorou". Liderar é isto: chorar com os enlutados, celebrar com os que estão jubilosos por suas vitórias. Temos em Jesus um exemplo de líder empático, que sentia o que vivia seus liderados, colocando-se no lugar do outro. E essa característica deve ser ordinária na pessoa do líder.

É compreensível que alguns líderes tenham certo receio de manifestarem seus sentimentos na frente de seus liderados, talvez para não demonstrar um sentimento de fraqueza, medo de que sua autoridade seja questionada por seu tratamento humano com cada colaborador da empresa. Isso é muito comum, mas não podemos nos esquecer de que é prejudicial para todos na equipe de trabalho.

Um líder que não demonstra seus sentimentos estará também formando uma equipe indiferente, fria, vazia de empatia e que não se importa com as necessidades do próximo. O Mestre demonstrava seus sentimentos, como vimos no episódio com a família de Lázaro e em muitas outras ocasiões, e em nada sua autoridade foi diminuída, em hipótese alguma ele deixou de cumprir sua missão de preparar líderes para crescimento do reino.

O que você está esperando? Junte-se à sua equipe, sorria, celebre, chore. Só não deixe de demonstrar seus sentimentos para aqueles que diariamente estão com você derrotando os gigantes de uma vida de liderança. Seus sentimentos estão sendo compartilhados com sua equipe?

O Mestre tinha paixão pelo que fazia

Liderar é se entregar à paixão! Refiro-me ao melhor sentido do termo. Na vida precisamos de uma mola propulsora que faça a máquina como um todo funcionar, como a gasolina para o automóvel ou o vento para as turbinas eólicas transformarem energia cinética em eletricidade. Similarmente, em toda nossa história como líder devemos ter esse sentimento como um GPS que nos orienta e nos mantém no caminho certo.

Os grandes ícones que conhecemos do mundo dos negócios e da liderança com uma história de sucesso também viveram uma grande paixão em tudo que fizeram, apesar de encontrarem resistências pelos que não conseguiam ter a mesma visão e, consequentemente, não acreditarem que uma ideia vinda de um garoto sonhador seria um grande empreendimento mundial. É isso que nos mostra a biografia de Steve Jobs, criador da Apple, e Walt Disney, que era animador e produtor de cinema, que em seu primeiro empreendimento não teve sucesso. Mas ele não desistiu e realizou o seu sonho de construir o maior parque temático e a maior companhia multinacional de mídia do mundo.

E como estamos falando de homens que mantiveram o sentimento ardente da paixão e não abriram mão de realizarem o impossível, cito aqui Sylvester Stallone. Com certeza você já ouviu esse nome. Esse grande ator, roteirista e diretor teve diversos problemas familiares na infância, passou grandes necessidades nas ruas, chegou ao ponto de ter que vender seu cachorro por não ter condições de garantir seus cuidados. Mas a paixão e a fé de que era capaz de superar todos os obstáculos o levou a escrever e a estrelar a história de um pugilista suburbano chamado Rock, sucesso de bilheterias e fenômeno do cinema mundial. Sua vida é uma inspiração para todos os que têm um sentimento que arde dentro de si. Você tem paixão pelo que faz?

O nosso exemplo perfeito é o Mestre, que em tudo que fazia oferecia seu melhor. Como alguém poderia empreender em uma missão sem garantias de que os homens iriam reconhecer esse sacrifício, esse amor tão genuíno? E ainda assim, ele tomou para si a responsabilidade de entregar-se sem reservas por um propósito maior, conduzido pela paixão que ardia em seu peito.

Liderança sem paixão é uma guerra sem causa! Já pensou se está pronto para pagar o preço que muitos não pagam? O verdadeiro líder deve estar disposto a seguir uma jornada dura e muitas vezes solitária. O que você sente pelo que tem feito na vida?

O Mestre venceu seus medos

Este ponto me faz lembrar de minha infância, como fomos educados e treinados para ter sucesso na vida e vencer nossos medos. Com muita sabedoria, nossos pais mostraram-nos como explorar este mundo cheios de possibilidades, com seus altos e baixos, e que deveríamos estar prontos para enfrentarmos qualquer situação.

Quando saíamos para irmos à feira, ao comércio e a outros lugares frequentado por muitas pessoas, distantes de nossa residência, nossa mãe em especial, ia no caminho nos mostrando pontos de referência, dizendo o nome das ruas por onde passávamos. Era uma espécie de demarcação do itinerário e um alerta. Dizia ela: "Prestem atenção. Caso vocês se percam, voltem pelo mesmo caminho e passem por estes pontos ao voltarem sozinhos para casa".

Certo dia, em uma ida à feira, nossa mãe orientou-nos, como de praxe, que caso ocorresse algum desencontro, deveríamos ficar tranquilos e retornar para casa. Eu, como irmão mais velho, deveria cuidar dos meus irmãos e levá-los com segurança pelo caminho de volta. Nesse dia estávamos minha irmã e eu acompanhando mamãe, e no meio daquela multidão nós nos perdemos. O tempo foi passando e quanto mais procurávamos, mais nos angustiávamos. Porém, diante do choro de minha irmã, tive que assumir a responsabilidade de levá-la para casa.

Foi necessário vencer meus medos, e mesmo sendo uma criança, tomei coragem, segurei bem forte na mão da minha irmã e disse a ela: "Fique tranquila, vamos voltar pelo mesmo caminho que viemos e nada de errado vai nos acontecer". E foi o que fizemos. Graças a Deus e aos muitos ensinamentos dos nossos pais, encontramos nossa mãe no caminho, que ao nos avistar não escondeu sua aflição e sua alegria de nos encontrar decididos em chegar em casa com segurança.

Você tem medos que precisam ser vencidos? Isso é normal. Só precisamos decidir seguir em frente. O Mestre também teve que vencer todos os seus medos e insegurança diante de tamanha missão que lhe foi entregue. Vimos em muitas referências bíblicas Jesus se escondendo das autoridades e evitando as pessoas, provavelmente por temer e/ou estar inseguro quanto ao seu tempo. O fato é que ele precisava vencer esses sentimentos para que sua obra de salvação fosse completada como havia sido determinado por Deus.

Vença seus medos e viva o que a vida tem de melhor para você. Líderes como o Mestre estão sujeitos ao sentimento do medo como mecanismo de segurança da própria natureza humana, mas se permitir dominar pelo medo é uma escolha. E você? Decidiu suplantar seus medos ou vai se render a eles?

O Mestre se importava com as pessoas

Durante seu tempo na Terra, o Mestre estava constantemente aprendendo e vivenciando a cultura e os costumes daquela época. Em suas observações, Jesus notou que era comum as autoridades estarem atentas às normas, aos costumes e valores que estavam alicerçados no legalismo, ou seja, as leis e suas religiosidades estavam em primeiro lugar em suas práticas do que a valorização das pessoas.

Mas ele sabia que a religiosidade não operava qualquer mudança na vida dos seus praticantes, além de inflar o seu ego, de conduzi-los a uma vida vazia e cheia de indiferenças. Era mais fácil se importar com a tradição, com os atos litúrgicos, do que com as pessoas que tinhas verdadeiras necessidades, como fala Lc 13.10-15: "E ensinava no sábado, numa das sinagogas. E eis que estava ali uma mulher que tinha um espírito de enfermidade, havia já dezoito anos; e andava curvada, e não podia de modo algum endireitar-se.

E, vendo-a Jesus, chamou-a a si, e disse-lhe: Mulher, estás livre da tua enfermidade. E pôs as mãos sobre ela, e logo se endireitou, e glorificava a Deus. E, tomando a palavra o príncipe da sinagoga, indignado porque Jesus curava no sábado, disse à multidão: Seis dias há em que é mister trabalhar; nestes, pois, vinde para serdes curados, e não no dia de sábado. Respondeu-lhe, porém, o Senhor, e disse: Hipócrita, no sábado não desprende da manjedoura cada um de vós o seu boi, ou jumento, e não o leva a beber?". Esse é o Mestre, que reconhece o valor do ser humano, que sabe que as pessoas vêm primeiro que as coisas, antes de leis, costumes e tradições. Jesus se importava com as pessoas, alvo de seu propósito maior, e queria salvar todos que nele acreditavam.

Não importa o tamanho da sua comunidade, departamento, igreja, empresa ou empreendimento. Se as coisas vêm em primeiro lugar você acabará sozinho e não nasceu para liderar, pois nada é mais importante do que as pessoas que nos ajudam a viver nosso chamado, a nossa missão. Liderar é exatamente isto: valorizar o indivíduo com todas as suas características pessoais. Você valoriza as pessoas ou as coisas? Você segue os ensinamentos do Mestre?

O Mestre tinha uma visão positiva em todas as circunstâncias

Existe dentro da minha alma a certeza de que Jesus sabia e sabe de todas as coisas, e que sua divindade poderia se manifestar quando lhe fosse necessário para que tudo ocorresse segundo os planos do Deus Altíssimo e o cronograma estabelecido em sua agenda. Isso quer dizer que já estava escrito em seus pensamentos o que Paulo iria declarar em sua Carta aos Romanos 8.28: "Sabemos que todas as coisas cooperam para o bem daqueles que amam a Deus, daqueles que são chamados segundo o seu propósito". Não obstante ele viver no seu dia a dia como qualquer ser humano, suas expectativas quanto aos acontecimentos que se manifestavam por onde passava era sempre a melhor possível.

Observe o que aconteceu na história narrada em Mc 5:21-43: "Estando ele ainda falando, chegaram alguns do principal da sinagoga, a quem disseram: A tua filha está morta; para que enfadas mais o Mestre? E Jesus, tendo ouvido essas palavras, disse ao principal da sinagoga: Não temas, crê somente. E não permitiu que alguém o seguisse, a não ser Pedro, e Tiago, e João, irmão de Tiago. E, tendo chegado à casa do principal da sinagoga, viu o alvoroço e os que choravam muito e pranteavam. E, entrando, disse-lhes: Por que vos alvoroçais e chorais? A menina não está morta, mas dorme. E riam-se dele; porém ele, tendo-os feito sair, tomou consigo o pai e a mãe da menina e os que com ele estavam e entrou onde a menina estava deitada. E, tomando a mão da menina, disse-lhe: *Talitá cumi*, que, traduzido, é: Menina, a ti te digo: levanta-te. E logo a menina se levantou e andava, pois já tinha doze anos; e assombraram-se com grande espanto. E mandou-lhes expressamente que ninguém o soubesse; e disse que lhe dessem de comer".

Mesmo com todas as evidências de que a menina havia falecido, o Mestre manteve a visão positiva e explicou aos que choravam que a moça apenas dormia, usando também do que acreditava a tradição sobre a morte. Jesus despertou a menina do sono da morte para que todos acreditassem em sua autoridade, que tudo é possível quando se enxerga com os olhos da fé e que nossas expectativas acerca de qualquer circunstância, por pior que seja, deve ser a melhor.

Compreenda, como líder você vai se deparar com problemas que à primeira vista não terão solução, mas sob a ótica da fé e da visão positiva de que tudo contribui para o seu aprendizado e seu crescimento como líder de sucesso, haverá uma lição significativa dentro de cada "grito de fogo" que você sair para prestar socorro.

Seguindo nessa esteira, veja que o Mestre passou o dia falando com a multidão e ao cair da tarde resolveu seguir para o outro lado do mar, conforme expresso em Mc 4:35-40: "E, naquele dia, sendo já tarde, disse-lhes: Passemos para o outro lado. E eles, deixando a multidão, o levaram consigo, assim como estava, no barco; e havia também com ele outros barquinhos. E levantou-se grande temporal de vento, e subiam as ondas por cima do barco, de maneira que já se enchia. E ele estava na popa, dormindo sobre uma almofada, e despertaram-no, dizendo-lhe: Mestre, não se te dá que pereçamos? E ele, despertando, repreendeu o vento, e disse ao mar: Cala-te, aquieta-te. E o vento se aquietou, e houve grande bonança. E disse-lhes: Por que sois tão tímidos? Ainda não tendes fé?".

Sob o olhar de um líder atento nada passa desapercebido. Nesse último texto citado Jesus ordena que os discípulos acompanhassem-no em mais uma viagem, que parecia ser só mais uma a travessia como muitas já realizadas. Mas ela trouxe um grande questionamento do Mestre: "Ainda não tendes fé?". Esse momento era oportuno para uma breve avaliação, para os discípulos que mesmo convivendo com Jesus ainda não haviam compreendido que ele tinha toda autoridade nos céus e na Terra, por isso tamanho espanto com a simplicidade do Mestre em acalmar os ventos e o mar. E para Jesus, o ensejo de corrigir algumas deficiências no aprendizado dos seus seguidores que até aquele momento não estavam maduros o suficiente para o que viria.

Na prática da liderança nenhum momento pode ser descartado. Como líderes precisamos ter uma visão positiva de cada lição trazida no desenvolvimento de nossa equipe e da nossa liderança como um todo. Como anda sua visão em relação ao desenvolvimento de sua liderança? Você tem valorizado cada momento e cada circunstância vividos com sua liderança?

O Mestre transpôs os obstáculos

De vez em quando me pego pensando em quantas lutas enfrentamos para liderar com equilíbrio, diligência e sabedoria, sem haver indiferença, pessoas feridas e/ou esquecidas por não fazerem parte de determinado grupo ou terem ideias e opiniões diferentes.

Liderar é buscar ter uma visão inclusiva e agregadora, para que a liderança que está sendo desenvolvida seja a mais eclética possível. Isso quer dizer que liderar é para todos que compreendem que foram escolhidos e separados para um dia liderarem.

Na visão do Mestre todos tinham potencial para serem discípulos, futuros líderes da Igreja que surgia naqueles dias. Isso ficou muito claro na escolha dos 12 apóstolos, cada um com características diferentes do outro, com necessidades físicas, espirituais e emocionais que precisavam de tratamentos específicos, mas nenhum desses obstáculos conseguiram impedir o Mestre de prepará-los.

Ademais, Jesus veio ao mundo com o fim de salvar o homem de suas mazelas pecaminosas. Dessa forma, ele não estava preocupado com os obstáculos e, sim, com as vidas que estavam perecendo, longe da graça e da verdade em Jesus, conforme expresso em Jo 4:5-9: "Foi, pois, a uma cidade de Samaria, chamada Sicar, junto da herdade que Jacó tinha dado a seu filho José. E estava ali a fonte de Jacó. Jesus, pois, cansado do caminho, assentou-se assim junto da fonte. Era isto quase à hora sexta. Veio uma mulher de Samaria tirar água. Disse-lhe Jesus: Dá-me de beber. Porque os seus discípulos tinham ido à cidade comprar comida. Disse-lhe, pois, a mulher samaritana: Como, sendo tu judeu, me pedes de beber a mim, que sou mulher samaritana? (porque os judeus não se comunicam com os samaritanos)".

Como líder, o Mestre estava determinado a levantar uma grande liderança, formada por homens e mulheres que seriam transformados pelo poder das boas novas apresentada por ele. A mulher samaritana é uma daquelas pessoas excluídas da sociedade, primeiro por razões geográfico-religiosas, e segundo pelos costumes e preconceitos dos homens, que viviam em um regime totalmente hipócrita e legalista.

No diálogo com Jesus ela deixa clara a indiferença entre os judeus e samaritanos, porém nenhum dos obstáculos apresentados por aquela mulher foram suficientes para tirarem Jesus do seu foco, que era libertá-la e salvá-la. No final da história, segundo diz o evangelho de Jo 4.39: "E muitos dos samaritanos daquela cidade creram nele, pela palavra da mulher, que testificou: Disse-me tudo quanto tenho feito". Asseguro como foi importante investir tempo na conversa com a samaritana. Qual líder não enfrenta obstáculos? Nenhuma barreira é intransponível se você estiver determinado a ser um líder de sucesso.

Brian Houston, fundador da Hillsong Church, não começou sua história com uma megaestrutura e milhares de pessoas assistindo suas ministrações. Seu início deu-se em um pequeno espaço, longe do centro da cidade, com algumas pessoas, que a posteriori precisaram ser treinadas por ele para estarem prontas para servirem dentro de sua comunidade.

Em algumas oportunidades, pego pelos imprevistos da vida, ele teve que correr o risco e vencer os obstáculos, substituindo líderes por outros em vésperas de gravação dos trabalhos com o ministério de louvor. Várias decisões precisaram ser tomadas, às vezes cortar na própria carne para não perder o propósito de levar vidas à transformação e serem líderes de sucesso.

E o que começou em uma pequena sala, com poucas pessoas, tornou-se centenas e milhares de portas abertas, uma multidão de vidas alcançadas e líderes que não se detêm independentemente de quais sejam as barreiras e os obstáculos. Quais obstáculos te fizeram parar de liderar? Você não acha que já está na hora de vencer essas barreiras?

O Mestre, um líder improvável

Corriqueiramente ouvimos histórias de pessoas que jamais se viram como líderes ou foram vistas, pelo menos, com potencial para liderarem, somente pelo fato de não terem quaisquer características ou aparência de um líder como os que costumamos acompanhar pelas mídias sociais.

Na antiga Palestina cometeram o mesmo equívoco em relação à pessoa de Jesus, que era simples na aparência, vindo de uma pequena cidade chamada Nazaré, conforme escrito em Jo 1:45-46: "Filipe achou Natanael, e disse-lhe: Havemos achado aquele de quem Moisés escreveu na lei, e os profetas: Jesus de Nazaré, filho de José. Disse-lhe Natanael: Pode vir alguma coisa boa de Nazaré? Disse-lhe Filipe: Vem, e vê".

Infelizmente, ainda existe muito esse tipo de prática em grandes instituições, e líderes estão sendo descartados sem uma oportunidade de mostrarem suas habilidades e talentos por serem considerados líderes improváveis líder. E só um líder experiente, com uma visão afinada, para detectar características e potencial para liderança em indivíduo que antes era apenas um garoto de recados.

O texto de I Samuel 16:6-12 apresenta-nos um fato muito interessante. Deus vai levantar um novo rei para Israel e determina que Samuel, o profeta, faça a unção desse escolhido: "E sucedeu que, entrando eles, viu a Eliabe, e disse: Certamente está perante o Senhor o seu ungido. Porém o Senhor disse a Samuel: Não atentes para a sua aparência, nem para a grandeza da sua estatura, porque o tenho rejeitado; porque o Senhor não vê como vê o homem, pois o homem vê o que está diante dos olhos, porém o Senhor olha para o coração. Então chamou Jessé a Abinadabe, e o fez passar diante de Samuel, o qual disse: Nem a este tem escolhido o Senhor. Então Jessé fez passar a Sama; porém disse: Tampouco a este tem escolhido o Senhor.

Assim fez passar Jessé a seus sete filhos diante de Samuel; porém Samuel disse a Jessé: O Senhor não tem escolhido a estes. Disse mais Samuel a Jessé: Acabaram-se os moços? E disse: Ainda falta o menor, que está apascentando as ovelhas. Disse, pois, Samuel a Jessé: Manda chamá-lo, porquanto não nos assentaremos até que ele venha aqui. Então mandou chamá-lo e fê-lo entrar (e era ruivo e formoso de semblante e de boa presença); e disse o Senhor: Levanta-te, e unge-o, porque é este".

Na visão de Samuel, o futuro rei e líder de Israel deveria ter uma aparência máscula e certamente seria um homem de guerra, como a maioria dos filhos de Jessé. Mas nenhum dos filhos prováveis foram escolhidos, porque o líder que estava para ser ungido era o caçula, o cuidador de ovelhas, o menino que levava os mantimentos aos seus irmãos em dias de guerra, o improvável.

Estou torcendo que o próximo líder improvável a ser levantado em sua comunidade ou instituição seja você. Ora, aconteceu no passado e continua acontecendo nos dias de hoje. Existem muitos indivíduos que estão desacreditados só porque são diferentes, não têm um currículo de liderança e estão escondidos, realizando serviços nos bastidores. Contudo sua verdadeira essência é de líderes extraordinários.

Você já se surpreendeu liderando? Você é um líder improvável? O Mestre quebrou todas as crenças dos seus dias, contrariou toda a lógica da tradição, surpreendeu as autoridades, líderes religiosos e políticos estabelecendo-se como um líder de excelência, e seus resultados consolidam esta veracidade.

O Mestre tinha uma visão além do seu território

Há pouco tempo ministrei uma palavra que está no livro do profeta Isaías, em que Deus fala ao seu povo que suas vidas foram guardadas no cativeiro babilônico para que eles voltassem a Israel e vivessem as promessas do Senhor, garantidas desde sua separação como nação santa.

Embora muitos preferissem continuar vivendo na Babilônia, com as suas famílias e os negócios que lá constituíram, após tanto tempo de cativeiro, muitos que mantiveram sua esperança no Deus de Abraão, de Isaque e de Jacó, obedeceram a determinação expressa do Altíssimo, conforme consta nos escritos de Isaías 54:2-4: "Amplia o lugar da tua tenda, e estendam-se as cortinas das tuas habitações; não o impeça; alonga as tuas cordas, e fixa bem as tuas estacas. Porque transbordarás para a direita e para a esquerda; e a tua descendência possuirá os gentios e fará que sejam habitadas as cidades assoladas".

Isso me faz compreender que Israel voltaria a crescer e a prosperar além de suas fronteiras e limites. Entretanto, para que isso acontecesse, o povo de Deus precisaria ampliar suas visões física e espiritual, libertando-se da mentalidade escravagista que havia se instalado naquele período.

Na construção de uma liderança de sucesso, de alta performance, não é diferente. Ir além dos nossos territórios é assumir um risco desafiador. Sair da zona de conforto é conflitante até mesmo para os que se acham preparados para realizarem qualquer façanha dentro das áreas de seu domínio. Mas para viver o extraordinário é imprescindível que o pretenso líder afaste-se das crenças limitantes, da visão que o reduz ao estado inferior, pouco provável, e daquelas pessoas que estão prontas para expelirem suas frustrações e seus fracassos, e tecerem comentários que o façam abandonar sua verdadeira missão e chamado.

Lembre-se das muitas vezes em que Jesus foi abordado pelos homens e alguns representantes do sinédrio, e questionado sobre sua vida, sua autoridade, e por que realizava aqueles milagres. Não conformados com as respostas do Mestre e seu posicionamento, tiveram a ousadia de dizer que seus feitos eram obras de belzebu, ou seja, não acreditavam nos milagres como uma manifestação de Deus. Os irmãos de Jesus chegaram a duvidar de sua liderança e de sua legítima representação da divindade na Terra.

Contudo nada impedia o crescimento das massas que ouviam as boas novas por meio dos ensinamentos de Jesus. Ele percorria todas as cidades e aldeias, superando os limites territoriais e étnico-raciais, buscando pelas vidas excluídas, abandonadas e perdidas, reafirmando sua aliança de fidelidade ao Deus eterno por meio da graça.

Ele é o maior líder de todos os tempos exatamente por transpor todas as expectativas dos homens e seus próprios limites humano. Como está sua visão em relação aos seus limites? Você tem suplantado seus territórios como líder?

O Mestre fazia o que precisava ser feito

Essa característica do Mestre traz-me à memória o período estudantil, as muitas vezes em que surgiram aqueles trabalhos em equipe que, na verdade, de equipe não tinham nada. Geralmente o trabalho era realizado por alguns e os restantes só assinavam, como se tivessem feito alguma coisa, e o que é pior, ainda recebiam a mesma nota dos que efetivamente produziram a atividade.

Na falta de interesse de uma parte da equipe o trabalho era invariavelmente executado por aqueles que se sentiam responsáveis pela organização e pela composição da pesquisa, e que consequentemente acabavam ocupando o papel de líderes. Ora, isso ocorreu e ocorre todos os dias no mundo inteiro, nos mais diversos setores da vida. Sempre haverá alguém deixando de fazer o que precisa ser feito e os que se levantarão para fazer.

O Mestre é o ícone em que devemos nos espelhar. Sua história mostra que Ele não ficava esperando a boa vontade dos homens e seus discípulos de se manifestarem na direção do que era honesto, verdadeiro e que deveria ser feito. Como líder, agia com muita coragem na certeza de que seu comportamento influenciaria os futuros líderes, que seriam levantados no desenvolvimento de uma Igreja forte, mesmo que isso contrariasse a tradição e os costumes, tal qual é visto em João 4:7: "Veio uma mulher de Samaria tirar água. Disse-lhe Jesus: Dá-me de beber".

Mesmo sabendo que havia uma indiferença entre os judeus e os samaritanos e que a tradição vinha alimentando isso por um longo período, o Mestre resolveu começar uma trégua com uma conversa reveladora e transformadora para aquela mulher de Samaria.

E você? Está esperando que outro faça o que deve ser feito? O verdadeiro líder não se dá ao luxo de ficar esperando que as coisas sejam feitas ou que os responsáveis pelo departamento ou pela execução da atividade realizem-na. Observe o que Jesus fez diante da situação que acontecia todos os dias dentro do templo segundo Mt 21:11-13: "E a multidão dizia: Este é Jesus, o profeta de Nazaré da Galileia. E entrou Jesus no templo de Deus, e expulsou todos os que vendiam e compravam no templo, e derribou as mesas dos cambistas e as cadeiras dos que vendiam pombas; E disse-lhes: Está escrito: A minha casa será chamada casa de oração; mas vós a tendes convertido em covil de ladrões". Os líderes religiosos mantiveram-se silentes diante de tamanha profanação, ninguém se manifestou para dar um basta naquele comportamento reprovável por muitos, mas que, sem coragem, fecharam os olhos e não fizeram o que devia ser feito.

Como Mestre, Jesus não esperou pelos homens. Ele fazia o que tinha que ser feito, certo de que era responsável pelos seus resultados. Como líder você faz o que tem que ser feito? Quanto você paga hoje por não ter feito o que deveria?

O Mestre oferecia o seu melhor

As nossas vidas são cheias daquelas histórias e hábitos do tipo: eu ganhei um jogo de taça que usarei nos dias em que recebermos visitas em nossa casa; ou comprei uma linda peça de roupa que usarei somente em ocasião muito especial. Infelizmente, muitos de nós ainda cultivam essa mentalidade medíocre, pois com quem deveríamos compartilhar o melhor de nossas vidas senão com as pessoas com as quais convivemos e dividimos nossos sonhos e ideais? Perdemos tempo deixando passar as oportunidades de dizer "Eu te amo", de fazer o melhor almoço para a família, de viajar juntos, e na verdade deveríamos oferecer o melhor de nós para aqueles que foram nosso verdadeiro alicerce e os motivos de tantas conquistas.

Vale ressaltar que esta vida é passageira e o amanhã não nos pertence. O que valerá uma calça nova se a pessoa com quem gostaria de estrear não está mais presente? Que vantagem haverá em um conjunto de louça de cristal se a mesa já está vazia e as pessoas mais importantes da sua vida não podem celebrar com você? Como líder, você tem oferecido o seu melhor? O que você poderia melhorar na sua função de servir como líder?

Seguindo nessa ótica, encontramos o Mestre dedicando o seu melhor por onde ele passava, independentemente da perseguição que sofria e da falta de compreensão daqueles que o assistiam. Nada impedia Jesus de oferecer o seu melhor aos homens e aos pecadores daqueles dias. Isso é trazido à baila pelos evangelhos, nas muitas vezes em que Jesus foi abordado para operar na vida de um enfermo que soube da presença do Mestre em sua aldeia e foi atendido e curado pelo homem de Nazaré.

Segundo Lc 7, o Mestre vai a Cafarnaum e é interpelado por representantes de certo centurião, que estava com seu servo doente. O centurião pede que Jesus restaurasse a saúde de seu servo, e assim aconteceu.

Ao se aproximarem da residência, o centurião não se achava digno de receber o Mestre em sua casa, então ele pede que lhe enviasse apenas uma palavra para que o servo fosse curado. Jesus atende ao pedido desse homem e o moço recebe a cura que tanto precisava. Então, seguindo para cidade de Naim, o Mestre encontra-se com uma multidão que segue um cortejo fúnebre, no qual uma viúva vai sepultar seu único filho. Movido de compaixão, ele faz a multidão parar e diz à mulher para não chorar, e ressuscita seu filho.

Dentro desse contexto temos muitas lições para aprender, mas quero salientar o fato de Jesus atender da melhor maneira possível aquelas vidas que estavam necessitadas. Ele não colocou obstáculos ou criou desculpas para realizar o milagre na vida do servo do centurião; ele simplesmente serviu o centurião com o melhor de si. Em Naim, agiu dando a vida àquele que estava morto, acabando com o sofrimento da viúva, que havia perdido tudo que tinha.

Ora, liderar é, sem dúvida, servir aos outros com aquilo que temos de melhor, é sermos prestativo independentemente se algo vai ou não nos beneficiar. Há quanto tempo você está liderando? Como você está servindo as pessoas?

Após algumas características da liderança do Mestre, ficam as muitas reflexões de como estamos nos comportando diante da responsabilidade de liderarmos e de darmos continuidade aos seus ensinamentos que nos trouxeram até aqui. O quanto estamos nos dedicando para que essa missão seja concluída com sucesso?

Seguir o maior exemplo de liderança creio ser uma tarefa no mínimo desafiadora, entretanto tenho aprendido que nada é impossível, que o impossível está liberado na vida dos que superam seus limites, enfrentam seus medos, superam as críticas e estão dispostos a enxergar o que muitos não conseguem ver, fazer o que outros não fizeram e pagar o preço que muitos não pagam.

CONCLUSÃO

Liderar é uma semeadura que nos proporciona muito trabalho, muitas descobertas e muito aprendizado. É um chamado para todos que entendam e queiram escrever uma história de superação e de transformação de vidas; homens, mulheres, jovens e crianças. A liderança é para aqueles que almejam ousar, enfrentar seus medos e suas frustrações, tornando-se uma referência para os que estão iniciando suas histórias no mundo vastíssimo da liderança.

E como toda semeadura tem seu tempo de colheita, haverá o dia de voltar ao campo e ver o resultado do seu trabalho, como foi bom ter investido na liderança de uma equipe que então floresce e produz cem por um.

Ninguém pode apagar o brilho de sua estrela além de você mesmo. Se existe uma visão dentro de você que precisa ser compartilhada para o crescimento e o desenvolvimento de muitas vidas, coloque isso em prática e deixe os resultados falarem por si. Sirva às pessoas com o seu melhor, construa um legado que jamais imaginou que fosse possível, insista e persista na direção do maior propósito de nossas vidas, que é inspirar pessoas ao conhecimento de Cristo, a uma liderança de sucesso, sólida, e que paga o preço que muitos não pagam.

REFERÊNCIAS

BARBOSA, Maurílio; TIBOLA, Egber. **Líder coach cristão**: um guia prático para aplicar a metodologia do coaching e liderar melhor. Santa Maria: Rede de Empreendedores, 2020.

BROWN, Brené. **A coragem para liderar**. Rio de Janeiro: Autografia, 2019.

CURY, Augusto. **O maior líder da história**. Rio de Janeiro: Sextante, 2020.

CARSON, Claybone. **Martin Luther King**. Rio de Janeiro: Jorge Zahar Editor, 2014.

HOUSTON, Brian. **Viva ame lidere**. Rio de Janeiro: CPAD, 2016.

ISAACSON, Walter. **Steve Jobs**. São Paulo: Schwarcz, 2011.

JONES, Laurie Beth. **Jesus, o maior líder que já existiu**. Rio de Janeiro: Sextante, 2006.

MAXWELL, John Calvin. **O líder 360º**: como desenvolver seu poder de influência a partir de qualquer ponto da estrutura corporativa. 2. ed. Rio de Janeiro: Thomas Nelson, 2012.

MAXWELL, John Calvin. **17 princípios do trabalho em equipe**: desenvolva as qualidades que vão fazer a diferença e tornar sua equipe vencedora. Rio de Janeiro: Vida Melhor, 2015a.

MAXWELL, John Calvin. **As 21 indispensáveis qualidades de um líder**: as virtudes fundamentais para conduzir uma equipe ao sucesso. 2. ed. Rio de Janeiro: Thomas Nelson, 2015b.

MAXWELL, John Calvin. **Liderando para o sucesso**: como ser um mentor qualificado e influenciar positivamente as pessoas. Rio de Janeiro: Vida Melhor, 2015c.

MAXWELL, John Calvin. **O sucesso está em você**: descubra seu propósito de vida, atinja seu potencial e realize seus sonhos. 2. ed. Rio de Janeiro: Vida Melhor, 2017.

MOREIRA, Wellington. **Como desenvolver líderes de verdade**. São Paulo: Ideias & Letras, 2021.

PIMENTA, Tatiana. **Tipos de liderança**. Disponível em: https:www. Vittude.com/blog/tipos-de-liderança/2019. Acesso em: 13 out. 2019.

SAUER, Wolfgang. **O homem da Volkswagen**: 50 anos de Brasil. São Paulo: Geração Editorial, 2012.

TEREZINHA, Ignez Scotti. **Evangelho quadrangular**. 3. ed. Curitiba: Secretaria Geral de Educação e Cultura - IEQ, 2013.